ARTISTS

```
S  L  D  A  D  D  Y  K  A  N  E  R  G  C  P
J  L  B  N  Z  S  T  D  Q  U  A  V  O  E  L
D  R  E  M  Y  M  A  V  R  W  R  S  D  F  A
P  G  V  W  S  N  D  W  Y  C  O  W  W  J  I
A  E  U  J  E  A  A  W  E  F  A  T  B  Q  A
D  Y  Z  T  R  J  D  A  Q  E  U  P  U  X  O
H  H  M  X  U  D  E  N  Y  G  T  A  U  K  J
R  R  C  E  V  X  H  H  I  C  L  I  S  T  L
S  M  Z  B  P  Z  M  C  T  N  S  N  E  D  X
I  I  D  G  C  Q  A  I  Q  N  I  V  N  H  N
F  Y  P  I  N  U  P  L  V  E  U  D  D  E  T
A  D  Y  T  D  O  M  I  N  O  E  R  O  U  S
U  U  X  U  M  H  W  L  O  G  I  C  G  H  P
S  V  E  A  M  X  Q  B  H  O  P  S  I  N  W
A  L  T  D  I  K  E  H  T  H  C  I  R  P  J
```

DADDYKANE	QUAVO	TPAIN
DOMINO	REMYMA	TUPAC
HOPSIN	RICHTHEKID	WHODINI
LILB	RUNTHEJEWELS	
LOGIC	SAWEETIE	
NAS	SENDOG	

MODERN SONGS

```
Z  R  A  L  L  M  E  U  M  O  F  D  R  A  X
J  S  L  L  I  H  E  H  T  O  O  G  O  N  E
W  W  X  I  F  O  R  F  R  E  E  K  W  T  P
Z  O  P  C  T  T  R  S  C  T  L  D  P  S  G
V  Z  I  E  P  S  M  B  I  V  T  B  O  I  H
U  P  V  X  U  H  A  G  O  M  V  V  M  N  G
D  C  C  L  N  O  A  V  Q  K  L  N  Q  U  X
O  A  I  D  S  W  D  G  I  G  P  A  Q  W  H
I  V  L  H  Q  E  C  H  B  B  U  R  M  Z  B
N  D  C  M  G  R  I  C  K  S  E  C  I  E  C
T  E  M  P  T  A  T  I  O  N  M  O  O  J  B
X  Y  M  O  N  E  Y  T  R  E  E  S  D  N  X
Y  N  T  O  O  G  O  O  D  G  A  N  D  B  Q
Q  N  A  L  P  S  D  O  G  Q  I  N  E  B  Y
P  E  I  L  U  O  Y  Y  A  W  E  H  T  Z  L
```

ALLME	ITSAVIBE	THEWAYYOULIE
DNA	MAADCITY	TOOGONE
FORFREE	MONEYTREES	TOOGOOD
GODSPLAN	NARCOS	
HOTSHOWER	TEMPTATION	
HUMBLE	THEHILLS	

ARTISTS

```
I  H  F  K  E  O  Y  T  M  E  K  G  T  T  M
J  T  H  O  X  I  K  H  T  N  B  Y  A  N  U
I  H  R  H  O  N  T  J  K  W  U  C  M  L  H
N  E  Y  Q  R  X  J  R  C  C  C  U  T  H  F
T  W  G  N  Q  W  E  N  A  M  I  C  C  U  G
P  E  O  O  N  J  H  O  N  C  D  R  Q  Z  Z
A  E  I  R  F  U  S  B  C  R  H  N  T  I  Z
G  K  X  E  B  S  T  S  Q  E  Y  O  U  S  Q
N  N  Z  Y  G  Y  M  K  D  D  G  Z  J  R  N
V  D  N  Z  N  G  X  M  G  M  X  L  D  K  W
H  F  B  B  T  L  D  O  E  A  I  Q  X  F  R
C  R  E  H  L  O  O  K  F  N  A  A  N  K  V
Y  O  Q  N  Y  O  A  Z  Z  H  I  S  V  H  B
O  D  N  O  R  O  D  N  A  U  Q  M  X  C  O
T  A  O  J  F  Y  F  P  B  Q  R  G  E  K  S
```

CARTI	KNAAN	RUNDMC
EMINEM	KOOLHERC	STRICK
FOXYBROWN	NEF	THEWEEKND
GUCCIMANE	QUANDORONDO	UZI
JEHST	REDMAN	

MODERN SONGS

```
U  L  T  I  M  A  T  E  B  J  P  H  Y  X  X
F  Q  E  M  R  O  F  Y  A  R  P  U  L  H  D
E  M  N  K  U  E  B  J  N  U  R  G  I  V  C
F  A  R  P  P  N  I  O  K  C  M  W  O  V  W
E  J  K  S  L  M  G  N  A  Z  Z  D  Y  Y  C
G  N  Q  C  A  H  R  J  C  R  C  G  J  L  R
A  R  O  X  Y  U  O  A  C  I  X  H  A  N  U
O  Q  Z  B  E  Y  C  L  O  Y  V  O  E  G  Z
Z  A  S  E  D  L  K  E  U  U  R  S  B  G  E
C  Q  Z  K  X  E  S  G  N  I  H  T  D  A  B
V  V  K  N  P  X  R  J  T  H  Y  P  E  V  X
E  J  K  C  A  B  O  T  K  C  A  B  U  K  S
L  U  D  A  O  R  N  W  O  T  D  L  O  R  Q
W  G  O  P  I  R  D  R  I  A  L  F  C  I  R
E  C  A  E  P  N  I  L  L  O  R  C  D  P  N
```

BACKTOBACK	GHOST	ROLLINPEACE
BADTHINGS	HYPE	ULTIMATE
BANKACCOUNT	OLDTOWNROAD	UPLAYED
BIGROCKS	PRAYFORME	
CRUZE	REDBONE	
FEFE	RICFLAIRDRIP	

MODERN SONGS

```
H  G  T  K  W  P  H  E  P  W  J  O  I  K  K
V  E  E  M  R  L  F  J  Y  Y  Z  T  D  B  M
N  K  A  Y  T  R  A  P  T  S  E  V  O  R  G
O  U  B  R  K  D  E  C  N  A  D  E  N  O  V
R  H  Z  R  T  X  N  E  H  A  F  V  T  H  Y
O  T  C  Y  O  O  N  E  T  A  K  E  D  T  B
L  T  A  I  L  C  N  Y  I  Q  L  F  I  U  B
E  R  N  N  K  F  C  I  S  R  B  K  E  W  H
M  I  C  I  N  C  T  O  C  T  F  I  V  N  U
O  P  E  S  T  H  G  I  L  E  H  T  L  L  A
D  Q  L  O  C  E  J  Z  T  I  N  M  S  S  V
E  C  E  C  X  X  U  S  U  E  I  G  S  E  K
L  U  D  Y  O  B  D  L  I  W  L  D  W  O  B
Z  N  D  D  F  I  J  C  B  J  B  T  F  V  R
M  F  F  S  D  N  E  I  R  F  W  E  N  O  N
```

ALLTHELIGHTS
BESTFRIEND
BLUETINT
BROCCOLI
CANCELED
GROVESTPARTY

HEARTONICE
IDONTDIE
LETITFLY
NONEWFRIENDS
NOROLEMODELZ
ONEDANCE

ONETAKE
TRIP
WILDBOY

1990S SONGS

```
Y I X P J O I R A N E C S T G
O C Y W U T J X A M K M Z H T
I K I K D V M P T N S R I E V
E C I U J D N A N I G A G R D
D I G Z J M I B E F E N U A Y
H N B N H E A D S R I N G I N
Y V U E V O L I L A C N Q N E
P C R O S F O P Q G T H A N G
N F E R R O S A P A R K S K I
O N G J S A B O T A G E O W D
T J U E B D P U G L R F J J O
I O L D G P L M V N W B L E D
Z Y A P J U G L U B V I C V U
E T T U K B N B L J N Y A K E
L K E J W A S A G O O D D A Y
```

CALILOVE   JUICY   THERAIN
CREAM   JUMPAROUND   WASAGOODDAY
GINANDJUICE   REGULATE
GTHANG   ROSAPARKS
HEADSRINGIN   SABOTAGE
HYPNOTIZE   SCENARIO

MODERN SONGS

```
J U Y Z M A E R D T E W Y T M
D B O T H S I D E S N E M U B
M G X Y H C O O O I Y Y S A I
X N D U F O R L W X T N C D L
X O O J I O T A I G L E Z F J
P P S S K I D I E T M Q H X V
G R E V E D F U A S A Y A B E
B O A P F O A D O N E I V U J
X B Y C Y I G B Q R A H R D P
Z L F A K T H E L S P H T E E
Z E P Y S C O H F L X Y O L S
B M L U L T I N M I A R M G L
G A H Z O R N T V L L F K X A
E A P T D G P A Y F A S K M V
N L E V X Q P M C R E W A B M
```

ALLBAD	LIFEGOESON	THESEARCH
BOTHSIDES	NOPROBLEM	THOTIANA
CANTSAY	NOTYPE	WETDREAMZ
CREW	PROUDOFYOU	
GOUP	RACKCITY	
IDOIT	SOLITAIRES	

GENRES

```
A  A  M  E  R  I  C  A  N  N  G  M  J  D  U
A  L  T  A  K  C  O  R  P  A  R  X  V  J  N
K  T  A  S  K  A  G  E  U  A  D  D  X  V  I
D  E  P  I  N  G  W  Q  W  N  R  I  E  O  M
Z  R  B  O  R  A  H  V  D  F  K  T  V  F  Y
K  N  B  P  L  T  G  T  N  G  G  J  W  F  V
X  A  O  Z  S  I  S  W  W  S  V  J  W  W  K
H  T  U  J  O  N  T  U  E  K  U  I  T  T  H
A  I  N  K  U  U  H  I  D  I  B  C  Q  G  I
R  V  C  X  T  E  S  B  C  N  H  A  P  E  K
D  E  E  P  H  L  E  O  S  A  I  N  C  Q  Z
C  R  V  Z  E  W  F  P  U  C  L  F  Y  M  N
O  N  I  K  R  E  J  B  N  L  K  U  O  F  K
R  F  U  L  N  L  L  M  J  S  R  L  J  L  V
E  T  H  G  L  Q  N  L  R  T  Y  B  B  X  C
```

ALTERNATIVE	HARDCORE	SOUL
AMERICAN	INDUSTRIAL	SOUTHERN
BOUNCE	JERKIN	TRAP
CRUNK	LOFI	
DRILL	POLITICAL	
GANSTA	RAPROCK	

MODERN SONGS

```
C  E  J  B  N  P  V  I  C  E  C  I  T  Y  E
R  Y  Z  D  B  O  S  Y  J  Y  X  N  Q  A  Z
O  F  N  H  T  T  S  V  W  H  G  L  G  G  V
O  M  E  H  N  U  V  E  D  B  F  O  O  L  C
K  W  T  A  P  O  U  T  T  N  E  D  B  I  L
E  G  T  P  F  C  W  C  Z  A  S  W  Q  T  V
D  S  A  D  S  E  W  O  A  L  L  D  A  Y  P
S  P  S  H  N  H  I  W  R  J  Q  G  V  R  H
M  Z  K  N  J  U  U  R  T  R  L  M  I  H  E
I  O  A  R  G  G  O  T  G  Y  I  O  J  A  A
L  A  C  W  E  U  X  B  D  X  X  E  Y  R  D
E  A  D  Q  S  Z  S  D  X  O  I  Z  S  D  B
M  D  A  E  L  A  R  U  M  O  W  K  W  G  A
N  E  W  S  L  A  V  E  S  Q  P  N  Y  O  N
B  B  W  H  T  D  S  J  B  M  O  G  Y  R  D
```

ALLDAY
BERZERK
BEWARE
BOUNDTWO
CROOKEDSMILE

GRIEF
HEADBAND
MURAL
NEWSLAVES
NOSETALGIA

NOWORRIES
SHUTDOWN
TAPOUT
VICECITY

ARTISTS

```
I  X  B  S  V  E  N  O  E  C  I  P  S  U  Z
C  Z  W  A  Y  D  G  A  B  F  O  D  P  P  Q
H  K  B  S  L  A  I  N  E  C  T  Z  R  V  T
M  J  D  E  W  V  R  Y  L  L  E  M  W  N  Y
N  B  A  C  R  L  Z  R  Y  M  L  K  T  I  T
C  A  N  W  K  D  Q  W  U  R  K  M  P  B  K
K  H  I  E  U  I  C  D  T  M  K  A  D  G  M
Z  A  E  S  P  T  T  A  V  A  H  S  F  X  O
Q  I  L  V  S  A  A  N  M  L  X  T  O  O  U
G  D  C  M  Y  V  W  N  W  I  W  A  I  A  A
Q  R  A  J  P  W  R  Y  G  K  P  A  M  E  U
Z  Y  E  V  W  Z  O  W  T  C  P  C  H  U  K
E  B  S  L  T  N  V  O  G  T  L  E  T  E  V
S  S  A  K  S  A  R  L  D  S  E  A  Q  V  Q
M  P  R  K  W  I  X  F  Q  S  I  F  N  J  E
```

CBO	MACDRE	SPICEONE
CHEVYWOODS	MASTAACE	WUTANGCLAN
DANIELCAESAR	MRMALIK	YNWMELLY
DANNYWOLF	RASKASS	
FETTYWAP	RVSSIAN	
KEITHMURRAY	SLAINE	

2000S SONGS

```
Z  T  J  S  O  U  L  S  U  R  V  I  V  O  R
J  P  R  E  G  N  O  R  T  S  R  S  X  Z  W
T  K  T  A  K  E  O  V  E  R  F  H  N  D  H
C  E  E  V  A  R  L  T  U  K  U  Q  Q  U  A
I  R  F  Y  B  H  L  U  H  Y  N  L  Z  R  T
E  B  A  D  B  O  Y  S  F  I  B  X  Y  U  W
E  X  E  Z  V  N  O  I  T  I  N  G  I  D  E
Z  M  A  N  Y  M  E  N  E  E  T  G  V  L  D
R  M  T  Z  I  C  U  V  M  Y  F  U  N  D  O
R  B  A  I  B  P  O  H  S  Y  D  N  A  C  O
A  A  F  J  W  E  S  G  B  O  H  T  Y  E  R
A  T  R  W  W  E  C  I  M  E  N  O  S  U  B
C  J  L  R  X  O  D  R  D  V  T  O  O  O  E
W  E  Z  U  F  F  L  I  A  W  X  T  L  D  R
Z  H  Y  M  E  G  L  S  R  F  J  K  Q  A  F
```

BADBOYS   MYHOOD   STRONGER

BEAUTIFUL   NOTHIN   TAKEOVER

CANDYSHOP   ONEMIC   WHATWEDO

CRAZY   RIDEWITME

IGNITION   SLOWJAMZ

MANYMEN   SOULSURVIVOR

ARTISTS

```
D  X  B  J  P  F  I  V  I  U  U  E  W  K  E
M  I  N  E  D  K  R  A  D  M  X  D  R  F  K
A  G  R  E  A  B  R  O  Z  Y  C  M  S  Y  E
A  N  O  Z  B  S  H  Y  P  G  J  T  G  O  G
V  F  R  Y  B  A  T  V  U  Y  C  S  C  U  J
U  I  Q  P  R  O  D  I  G  Y  O  N  K  W  T
B  F  O  H  O  O  D  I  E  A  L  L  E  N  P
K  T  N  I  R  P  E  U  L  B  E  C  L  R  B
G  Y  E  E  A  I  B  I  G  B  O  I  H  I  C
Y  C  Y  H  A  B  X  R  W  H  W  Y  T  M  E
E  E  A  P  V  M  I  R  A  I  H  M  S  O  I
D  N  E  O  T  I  N  I  E  T  E  M  P  A  H
Y  T  H  E  G  A  M  E  J  Z  O  P  O  M  F
J  W  I  L  L  S  M  I  T  H  W  L  U  O  U
E  T  G  M  I  C  D  Z  Y  P  I  C  N  X  H
```

BEASTIEBOYS	GZA	THEGAME
BIGBOI	HOODIEALLEN	TINIETEMPAH
BLUEPRINT	JCOLE	WILLSMITH
DARKDENIM	JEEZY	
DMX	ONEYA	
FIFTYCENT	PRODIGY	

ARTISTS

```
W  M  Y  C  Z  T  A  E  B  A  D  R  U  M  D
U  I  E  V  L  U  O  L  G  R  K  J  U  R  T
P  T  A  T  W  A  O  W  D  F  E  U  E  S  T
A  E  T  N  I  G  S  U  O  Q  X  H  S  M  S
X  P  E  G  N  M  A  S  T  A  K  I  L  L  A
C  J  P  D  T  E  A  E  I  L  M  Z  D  I  L
X  L  H  O  B  O  D  I  B  F  A  X  X  T  L
O  R  A  T  H  B  Y  I  M  U  I  W  V  F  O
H  Z  R  Y  R  C  O  O  J  W  C  E  Z  O  Y
I  O  R  N  O  N  E  M  U  R  A  E  D  O  D
J  K  E  S  X  K  M  L  B  N  C  L  C  M  B
Y  U  L  Q  D  U  Z  B  N  Q  G  Z  A  I  A
T  B  L  R  V  E  E  P  L  B  J  B  R  K  N
G  A  A  S  C  A  R  F  A  C  E  Z  O  O  K
D  M  J  T  B  C  P  U  Y  G  F  P  J  Y  S
```

CLASSIFIED	MIAMI	RUSS
ICECUBE	MOBBDEEP	SCARFACE
JIDENNA	MURDABEATZ	YOUNGBOY
LILHERB	NLECHOPPA	
LLOYDBANKS	OUTLAWZ	
MASTAKILLA	PHARRELL	

ARTISTS

```
W  Q  M  L  T  T  O  C  S  S  I  V  A  R  T
U  O  I  H  T  P  F  M  Y  A  S  L  X  U  S
G  S  R  K  C  U  B  G  N  U  O  Y  P  D  U
M  X  Q  E  B  J  B  W  R  V  D  I  X  C  F
K  R  E  Y  M  F  O  J  M  R  Z  V  B  A  L
F  N  N  K  X  S  Q  M  I  K  A  R  V  S  E
J  Z  S  O  V  W  O  U  C  M  T  V  B  S  C
H  A  A  G  E  Y  S  R  C  H  N  U  U  I  R
D  A  O  D  E  L  A  S  O  U  L  C  S  D  A
R  J  Z  R  E  D  O  D  I  A  U  W  D  Y  E
A  D  E  N  T  J  U  P  U  O  N  I  R  K  I
A  E  W  A  W  S  L  X  A  C  Y  H  I  V  L
M  P  B  A  Q  R  I  O  O  N  K  S  V  U  O
Q  G  H  O  S  T  E  M  A  N  E  D  E  A  D
L  T  D  Z  N  R  B  P  X  F  L  I  R  L  X
```

BIA	GHOSTEMANE	RAKIM
BUSDRIVER	KRINO	TRAVISSCOTT
CASSIDY	LECRAE	YOUNGBUCK
CYHI	MISTRO	
DEJLOAF	MURS	
DELASOUL	NAPOLEON	

ARTISTS

```
Z  Y  Y  A  J  E  K  A  T  E  N  O  D  S  N
M  S  N  Z  T  E  E  M  H  Y  U  V  A  Z  O
C  W  U  A  Z  O  T  S  I  V  S  M  W  G  X
F  N  V  R  C  O  E  U  V  N  Q  J  L  S  M
V  T  H  I  E  C  M  N  E  I  O  Y  L  K  R
C  D  E  C  N  M  E  F  Y  E  S  L  Z  J  B
G  J  R  U  A  C  M  T  F  E  Z  S  E  Z  H
G  Y  N  T  K  P  E  A  L  O  D  Z  W  F  M
J  L  U  A  P  J  D  S  H  I  E  R  I  K  I
J  L  O  X  M  E  L  S  T  C  L  K  J  D  A
M  Z  D  G  Q  D  C  O  G  A  M  J  A  V  G
B  P  E  C  Y  O  R  N  O  W  P  K  U  T  J
M  L  N  R  Z  O  T  I  O  C  V  L  S  K  B
O  E  Y  B  S  D  Q  J  B  K  L  Y  E  O  U
H  F  K  O  O  D  Y  T  L  T  I  L  G  S  R
```

BIRDMAN	LLCOOLJ	TAKEOFF
DIZZEE	MCEIHT	VINCESTAPLES
DJPAUL	MCHAMMER	VISTO
FELONI	MOZZY	
KONCEPT	ONETAKEJAY	
LILTECCA	ROYCE	

ARTISTS

```
F  D  L  G  M  A  R  S  O  N  A  L  Z  P  E
F  O  E  L  R  R  V  I  Z  P  T  H  V  K  N
N  N  P  S  X  R  O  E  C  O  K  Y  W  O  Z
K  T  W  I  I  O  I  T  A  Y  K  Y  F  E  S
K  O  Y  Z  Z  I  N  Y  S  C  N  Z  W  B  L
O  L  L  O  O  X  G  I  D  E  Y  I  D  O  E
N  I  T  R  V  Z  U  N  H  E  N  W  I  N  E
J  V  U  P  M  S  N  A  E  C  M  Y  J  F  P
K  E  U  G  F  C  N  N  U  R  H  E  A  J  Y
J  R  K  C  Y  R  A  J  O  Q  M  Q  R  R  H
U  A  A  I  T  I  N  Y  D  O  O  M  T  O  A
Q  Y  D  P  S  L  C  V  J  M  K  Y  F  E  L
W  J  J  P  Y  L  Q  E  F  V  B  X  U  W  L
L  U  A  P  N  A  E  S  P  B  K  C  M  H  O
P  C  Y  J  M  P  J  P  X  X  I  I  R  M  W
```

ARSONAL	RAYJ	SLEEPYHALLOW
CHINOXL	RAYNESTORM	TAYK
DESIIGNER	REMEDY	TINYDOO
DONTOLIVER	RUN	
GUNNA	SCRILLA	
JAYPARK	SEANPAUL	

ALBUMS

```
C H E R R Y B O M B P Z E V F
K V H I G Q B L A N K F A C E
Q H K X M F R E O D A I Q R V
C O O M V P K N E N Z D Q H E
X D J J C C I Z M R D W Q A R
P A L Y R O T C I V B E X D J
Z S A W I M A I Q E D O D A E
P O V Y C B L U E P R I N T T
E M A S O M E R A P S O N G S
X N C H A M P I O N S H I P S
U Q G R E Y A R E A K N Q N I
S B C E C N E C S E D I R I Q
E O H M F F K X E P I C A F Y
K R E C K L E S S L J O M C D
J L A S R E V A D U L H G T P
```

BEERBONGS
BLANKFACE
BLONDE
BLUEPRINT
CHAMPIONSHIPS
CHERRYBOMB

EPICAF
FEVER
GREYAREA
IAMIWAS
IRIDESCENCE
LUDAVERSAL

RECKLESS
SOMERAPSONGS
VICTORYLAP

MODERN SONGS

```
R  I  G  H  T  A  B  O  V  E  I  T  F  S  V
X  L  K  Y  E  L  Y  T  S  E  F  I  L  H  Q
J  F  O  N  U  G  U  S  U  E  A  Z  T  O  T
N  A  W  K  A  L  A  S  E  N  O  R  I  T  A
K  T  N  M  O  B  L  B  Z  L  P  W  A  T  F
G  F  F  E  R  L  G  I  E  O  H  H  I  A  R
S  B  B  D  R  E  O  I  B  H  M  E  Y  F  M
U  E  A  O  M  M  U  G  B  L  T  A  P  L  O
S  E  L  N  Z  N  P  K  W  Z  L  T  P  O  O
J  C  O  D  G  A  U  G  U  E  E  I  E  W  N
N  A  R  W  N  B  S  R  S  Y  R  N  H  G  L
J  G  J  N  R  A  A  T  A  L  J  U  B  C  I
U  M  U  P  G  S  C  N  C  L  R  P  C  H  G
G  X  Y  Q  I  R  F  W  G  O  X  F  N  I  H
X  D  E  A  D  P  E  O  P  L  E  J  E  Y  T
```

BANGBANG
BIGBANK
CANDLES
CHILLBILL
DEADPEOPLE
GOLOKO

GUMMO
HEATINUP
IGETTHEBAG
LIFESTYLE
MOONLIGHT
RIGHTABOVEIT

SENORITA
SHOTTAFLOW

Puzzle #19

ARTISTS

```
C F N K H P L O D G N U O Y V
D X M G C V S S I J V E U G Y
W E V U E T Q A S K C A T S R
Z K H S E R F E G U O D K M B
S I N O T N E B N E R R A J U
L Y G A T H Q V V C M A S Z E
P J N G N J M E A J G R T I T
U T H N Y N B U C K S H O T H
C F I Z C A O V Y E W G L C J
W N W B B A Z D U D E B C U F
R A H D I G G A A K D R K Y K
C H P H L Z R Z L P D I A O L
M M P Z S K X Z B E P O D O S
L O E F J C F Z G X A A N P F
I D K C I T Y G I R L S C U R
```

AREECE
BUCKSHOT
CAPPADONNA
CITYGIRLS
CORMEGA
DOUGEFRESH

IGGYAZALEA
JARRENBENTON
JME
OUTKAST
PDIDDY
RAHDIGGA

STACKS
XZIBIT
YOUNGDOLPH

MODERN SONGS

```
R  G  Z  R  L  I  D  H  V  O  O  P  X  I  Q
D  N  W  O  D  W  O  L  S  N  Q  K  F  C  S
R  O  X  A  N  N  E  U  Q  I  L  C  U  D  B
E  N  M  A  I  T  N  Y  D  M  F  H  W  G  A
Q  M  N  M  K  R  S  U  J  Q  M  G  E  F  O
M  V  M  K  O  Q  S  O  F  W  Y  C  I  U  J
C  H  V  N  Y  N  A  P  M  O  C  D  A  B  F
Q  S  Z  A  L  E  S  U  O  E  G  R  O  G  E
O  G  K  W  M  D  N  T  C  I  H  F  X  V  A
L  Z  N  Q  A  B  Q  O  E  F  H  T  V  X  X
S  R  O  B  H  G  I  E  N  R  D  Q  O  S  I
W  P  K  T  R  O  P  S  R  O  T  O  M  D  I
B  R  C  E  Y  H  A  V  I  N  M  Y  W  A  Y
S  N  L  O  O  P  G  N  I  M  M  I  W  S  E
A  D  Z  Y  O  B  M  E  D  E  W  A  M  U  D
```

BADCOMPANY   IMONONE   SLOWDOWN
BIGFISH   JUICY   SWIMMINGPOOL
CLIQUE   MONSTER   WEDEMBOYZ
DOTHEMOST   MOTORSPORT
GORGEOUS   NEIGHBORS
HAVINMYWAY   ROXANNE

ARTISTS

```
M  C  O  D  J  C  R  U  Z  P  H  D  G  D  W
H  G  O  W  U  F  I  L  W  W  S  M  G  H  Z
O  Q  H  R  A  L  Y  L  E  L  Q  H  U  Z  X
L  S  G  T  H  L  B  L  O  C  B  O  Y  J  B
P  K  E  X  B  G  O  O  O  B  X  B  Z  N  D
H  H  S  I  X  N  I  W  W  R  A  Z  N  C  E
A  S  B  A  G  G  Z  E  V  W  R  I  S  I  Z
T  U  N  M  V  G  J  N  L  V  O  N  D  Z  R
K  I  X  A  B  P  E  N  I  I  K  W  Q  A  Y
A  Q  R  L  B  B  J  V  I  A  N  V  E  G  E
T  G  G  N  D  G  F  F  Y  V  H  A  O  P  Z
W  G  Z  U  R  G  N  B  S  E  L  C  D  V  V
Q  I  I  P  G  T  O  U  I  O  S  A  O  U  T
N  A  E  J  F  E  L  C  Y  W  M  A  B  W  W
X  X  X  T  E  N  T  A  C  I  O  N  C  J  T
```

BLOCBOYJB	DIABOLIC	TWOCHAINZ
BLU	DJCRUZ	WYCLEFJEAN
BOWWOW	JBALVIN	XXXTENTACION
CASEYVEGGIES	PHATKAT	YUNGBANS
DANILEIGH	SHYNE	

ARTISTS

```
S  M  A  C  K  L  E  M  O  R  E  R  L  P  W
J  Z  F  L  F  V  J  L  K  K  L  W  I  H  T
V  O  D  K  F  A  M  M  I  R  G  F  M  F  H
J  P  F  N  O  B  T  U  P  L  L  R  F  W  B
T  D  O  L  K  S  O  J  K  E  T  Z  S  M  A
H  H  J  S  Q  O  T  J  O  O  C  J  W  B  H
G  A  G  W  B  U  P  J  S  E  H  N  A  T  B
W  Y  G  I  E  L  Z  H  I  N  R  T  A  Y  R
V  A  X  Z  N  B  S  J  S  G  I  L  G  H  S
K  K  Y  Z  M  K  R  Y  V  U  S  H  O  K  C
D  I  R  B  X  H  K  V  Z  R  B  K  U  J  B
K  I  J  E  S  I  N  R  A  U  R  T  A  K  Y
B  X  D  A  H  C  Z  J  I  I  O  G  A  I  O
H  E  O  T  W  U  H  R  A  K  W  C  B  L  W
E  H  N  S  H  A  U  S  G  B  N  W  X  S  F
```

ABSOUL	FLATBUSH	MACKLEMORE
CHANCE	GURU	MFGRIMM
CHRISBROWN	KIRKKNIGHT	SWIZZBEATS
ELZHI	KOS	ZAIA
FATJOE	LILTJAY	

RAP & HIP HOP TERMS

```
O  V  K  C  P  Y  E  T  L  B  C  L  D  E  O
R  C  T  H  G  Y  A  L  P  D  R  O  W  U  V
I  M  E  L  G  N  U  J  T  P  F  W  S  I  L
E  P  R  L  S  I  R  H  Y  T  H  M  Q  O  F
P  W  W  Y  Y  S  O  D  S  W  A  K  M  V  D
L  P  G  R  K  T  A  N  D  M  C  B  K  O  F
Q  K  J  I  J  Y  S  B  J  A  U  J  P  Z  X
F  T  M  C  I  M  N  E  P  O  E  R  Q  A  Z
Q  D  I  S  L  J  D  A  E  J  I  H  D  D  R
X  Q  O  F  W  L  R  T  U  R  H  D  D  N  K
F  E  R  W  D  H  Q  B  W  H  F  F  U  L  N
R  O  A  A  L  O  O  H  C  S  D  L  O  T  O
C  I  Y  J  V  C  H  L  A  N  M  O  W  E  S
N  Q  E  C  Z  V  Z  W  V  Q  X  W  H  I  P
C  E  M  D  Y  Z  U  L  P  Z  M  O  H  X  S
```

BASS
BEAT
DRUMS
FLOW
FREESTYLE
JUNGLE

LYRICS
OLDHEAD
OLDSCHOOL
OPENMIC
RAPBATTLE
RHYTHM

STUDIO
WHIP
WORDPLAY

ARTISTS

```
S  P  M  C  S  T  X  V  W  W  L  Z  P  L  B
O  Y  G  G  A  B  Y  E  N  O  M  F  N  Q  A
Q  C  K  B  B  T  A  L  I  B  K  W  E  L  I
W  B  Y  C  E  R  I  C  H  B  R  I  A  N  V
F  U  Q  J  O  E  Q  G  E  A  Z  Y  G  A  W
W  S  N  S  W  R  G  G  O  K  C  E  N  B  Z
G  T  Y  E  Z  T  P  A  B  N  O  G  I  A  S
W  A  K  R  K  C  H  A  R  I  Z  M  A  B  S
V  R  P  A  A  Y  L  A  S  F  A  P  S  L  L
K  H  T  V  F  X  S  S  F  A  O  M  M  D  Z
K  Y  H  U  A  Q  V  G  M  U  K  Y  I  N  R
Y  M  M  B  N  R  R  U  I  O  N  V  D  J  H
G  E  K  J  I  F  R  P  T  B  O  K  J  A  B
C  S  Z  J  C  D  B  H  S  O  T  T  E  N  L
U  F  Z  O  E  M  O  R  L  I  L  F  H  E  H
```

ASAPROCKY
BIGSYKE
BUSTARHYMES
CHARIZMA
CLSMOOTH
DSMOKE

GEAZY
KAFANI
LADYOFRAGE
LILROMEO
MONEYBAGGYO
RICHBRIAN

SAIGON
TALIBKWELI
THAFUNKEE

ARTISTS

```
T  R  I  M  H  A  N  N  B  Y  J  S  F  O  O
E  C  A  F  E  N  O  T  S  I  C  C  Q  R  S
I  O  N  V  T  W  B  F  K  V  J  H  Y  L  R
B  B  D  X  T  G  O  F  A  T  L  I  P  H  H
R  C  R  F  Q  K  G  R  I  H  A  N  N  A  X
C  L  E  V  O  N  U  G  B  N  Q  G  I  V  J
U  H  E  Z  Q  G  J  D  O  J  A  Y  Z  T  N
W  Z  L  S  C  X  E  Q  O  D  E  X  R  C  I
P  I  E  Y  D  O  S  P  A  R  P  G  L  N  R
T  Y  N  N  E  S  O  O  P  A  P  O  E  I  U
R  I  C  Z  E  K  G  Y  L  X  K  R  O  G  L
S  R  B  Y  B  Y  W  Z  B  F  J  L  B  N  G
Y  Q  W  D  L  B  N  Z  R  P  G  H  E  X  S
U  X  Q  E  V  L  U  P  G  Y  Y  F  H  V  V
H  W  O  Y  O  U  N  G  N  U  D  Y  P  V  C
```

ANDRE
CHINGY
FATLIP
JAYZ
LILXAN
NOVEL

PAPOOSE
PRODUKT
RAPSODY
RIHANNA
SKYBLU
SNOOPDOGG

STONEFACE
YBNNAHMIR
YOUNGNUDY

Puzzle #26

1980S SONGS

```
G Y E G O T R I P P I N G C O
R O C K T H E B E L L S E M M
B K D E G A S S E M E H T W F
U O D M Y P H I L O S O P H Y
D E Y S S R O P A V G R E R R
D T D Z R E R E V E R L U A P
Y H I C N O L O A T X I F U I
V B T N G T L B V H E V Q T E
D G S P I Z H O F E G V R I L
K V X B D K N E C C E U O D R
B Z J P J Y C G H R F V O M I
Q R S B Q X A O D O P E M A N
B P I E B B F I R W O R D D G
I T S E F I N A M D U D W A W
R M U W L L U F N I D I A P L
```

BOYZNTHEHOOD
BUDDY
COLORS
DOPEMAN
EGOTRIPPIN
MANIFEST

MOVETHECROWD
MYPHILOSOPHY
PAIDINFULL
PAULREVERE
ROCKINIT
ROCKTHEBELLS

THEMESSAGE
VAPORS

MODERN SONGS

```
P  V  Y  A  B  B  N  S  D  U  B  D  J  N  A
Q  W  T  H  O  A  U  I  O  M  Z  O  E  O  F
I  U  O  K  D  S  J  I  N  A  Q  W  H  T  E
L  M  M  R  A  O  N  S  T  A  O  H  C  A  T
X  O  T  E  K  M  K  O  B  S  A  R  F  D
R  H  T  H  Y  O  S  Z  I  H  M  T  S  R  S
E  F  S  M  E  A  U  U  N  P  E  I  C  A  M
Q  F  P  X  L  O  J  T  D  I  M  W  Q  I  Z
C  I  I  J  L  V  N  Z  I  X  O  A  L  D  Q
E  H  G  L  O  K  D  E  U  N  R  N  H  B  M
M  L  Q  L  W  D  R  C  Z  S  I  T  P  C  L
U  M  F  F  F  O  K  S  A  M  E  N  F  G  R
P  L  U  G  W  A  L  K  M  G  S  K  A  E  E
P  G  T  H  G  I  N  T  H  G  I  F  I  P  P
Q  F  M  A  R  V  I  N  S  R  O  O  M  Y  W
```

BODAKYELLOW	LOWLIFE	PLUGWALK
CHAMPIONS	MARVINSROOM	WORKOUT
DONTMIND	MASKOFF	YIKES
DOWHATIWANT	MEMORIES	
FIGHTNIGHT	NOTAFRAID	
IMTHEONE	PANINI	

ARTISTS

```
O  S  N  G  I  S  A  L  L  O  D  Y  T  I  O
X  J  X  W  M  M  S  H  M  Z  S  P  B  T  I
O  X  L  Q  O  U  D  E  E  K  L  I  L  K  S
K  U  Y  S  H  R  E  A  I  S  Q  M  R  P  P
I  M  V  O  V  E  B  V  R  K  A  G  J  P  Z
L  O  B  U  I  C  V  Y  O  N  S  M  B  P  X
L  Z  J  L  Q  R  A  D  N  L  P  L  B  C  E
E  M  R  J  Y  L  K  S  Z  N  E  S  I  U  N
R  E  C  A  E  C  D  Q  E  P  A  I  W  L  M
M  X  M  B  J  J  A  V  J  X  M  D  N  H  F
I  X  A  O  P  L  T  R  E  A  C  H  J  O  A
K  M  S  Y  W  O  S  B  T  J  M  N  Z  M  M
E  U  B  O  Z  I  L  W  H  L  N  N  O  R  J
P  N  C  B  L  Q  U  O  D  D  I  S  E  E  D
Y  P  N  I  S  I  G  T  G  Y  F  L  G  C  N
```

DANNYBROWN	MASE	SOULJABOY
HEAVYD	MONIELOVE	TREACH
KILLERMIKE	ODDISEE	TYDOLLASIGN
LILKEED	POLOG	
LILSKIES	SIR	
LILTRACY	SLUG	

MODERN SONGS

```
K O B P U H C T A C E H T U F
A R U R S V D X F N W E P M Q
G Z O O E K I L T N O D I P L
Q K X Y Y H F U U S E P F R I
A C F G O N T G R M T Y O X G
V N P E F O O E M O T K L A T
I O I H O E Z S G G D B O D O
G O Q H Y J B L E E D I T O X
C A T I C A M A M Y M O O S I
U O W C I E N V Y M E O K R C
Q D J S W A N G L P A L C M W
U G G J F N T I N R L V L J A
I Q L S M K T K F G W S X A S
M R L G Y A L C H E S T E R T
A G E C N O Y Q B D B P V I E
```

ALLEYESONYOU
BLEEDIT
COMEGETHER
DIOR
ENVYME
FINECHINA

GYALCHESTER
IDONTLIKE
KOD
MAMACITA
SWANG
TALKTOME

THECATCHUP
TOXICWASTE
ZOOYORK

ARTISTS

```
A  P  X  T  K  K  R  A  V  I  T  Z  J  H  K
H  K  L  Y  R  O  Y  A  L  F  L  U  S  H  Q
D  A  I  S  A  T  E  N  A  L  P  B  Z  C  R
Y  M  S  A  O  F  S  X  N  O  W  J  C  J  V
N  U  I  U  Y  R  A  C  R  E  T  Z  U  N  B
L  E  N  A  H  D  E  M  H  W  H  N  T  R  Y
E  A  S  G  T  X  D  N  B  M  U  F  I  O  F
P  E  Y  A  J  V  Z  L  I  L  U  D  E  C  N
Q  U  H  Z  U  O  I  E  G  D  V  R  B  H  P
S  E  V  T  I  K  C  J  K  L  P  F  D  Z  C
K  F  Q  E  N  E  R  L  R  Y  N  P  D  A  G
S  E  P  L  V  A  B  A  I  Y  U  G  I  L  X
T  I  A  N  M  R  G  O  T  K  X  Y  P  L  L
O  X  D  D  U  O  P  E  N  E  A  C  S  C  F
H  P  X  D  M  E  W  O  M  E  S  R  L  G  S
```

AKIL	MEDHANE	SCHMURDA
BIGKRIT	MEGANTHEE	TKKRAVITZ
CHEFHENNY	MIA	YUNGJOC
DULILZ	PLANETASIA	
FLIPPDINERO	ROYALFLUSH	
LAYZIEBONE	SAUKRATES	

MODERN SONGS

```
V  V  L  S  T  B  N  E  E  U  Q  P  A  R  T
L  Y  A  W  A  N  U  R  Q  X  W  C  Y  C  Z
X  G  F  L  O  N  E  L  Y  O  H  P  N  U  Z
R  S  W  J  L  R  S  R  U  V  J  I  B  U  I
C  J  H  F  I  M  S  A  E  F  R  V  J  X  G
J  Q  O  Q  S  Q  J  U  M  F  C  S  S  S  Z
U  X  D  P  V  E  R  W  O  E  F  W  Z  W  Q
S  T  A  L  A  J  N  O  F  M  D  I  T  W  A
A  F  T  H  T  H  G  I  R  L  A  R  D  T  L
A  W  B  P  Y  P  C  B  L  R  M  F  U  M  B
H  K  O  O  H  H  S  L  L  D  I  R  I  G  I
S  Z  Y  Z  O  F  F  M  E  O  A  M  A  W  S
P  J  S  E  L  C  R  I  C  W  G  E  P  U  P
P  A  S  S  I  O  N  F  R  U  I  T  H  H  P
S  H  E  G  A  S  S  E  M  E  H  T  A  U  Q
```

ALRIGHT	IMDIFFERENT	THEMESSAGE
CIRCLES	LONELY	TRAPQUEEN
ELCHAPOJR	MIRROR	WHODATBOY
FAMOUS	PASSIONFRUIT	
HEADLINES	RUNAWAY	
IFHY	SAMEDRUGS	

2000S SONGS

```
I  K  N  O  H  E  L  P  H  P  M  K  S  G  D
D  Z  S  T  C  C  K  C  O  L  B  Y  M  N  O
P  A  R  B  O  H  P  H  T  P  C  L  N  T  N
N  W  H  T  I  H  C  U  O  T  I  O  A  B  U
T  N  J  R  J  E  S  U  S  W  A  L  K  S  I
W  O  L  T  E  G  A  T  Q  X  W  N  L  W  P
P  K  I  E  C  V  N  K  I  D  D  E  K  O  Z
E  I  N  D  E  P  E  N  D  E  N  T  D  S  L
R  M  D  T  S  H  P  I  T  I  K  M  U  O  I
C  R  A  N  K  T  H  A  T  I  Y  I  J  Q  H
O  P  C  L  R  E  H  S  P  S  K  V  L  Q  T
J  I  L  K  T  Q  G  A  H  A  E  R  Z  Y  C
I  R  U  A  A  S  P  K  G  F  I  B  O  X  V
T  U  B  K  C  A  B  E  M  O  C  L  E  W  Y
Y  K  S  E  H  T  H  C  U  O  T  O  A  E  L
```

BESTIEVERHAD
CRANKTHAT
GETLOW
HOWWEDO
INDACLUB
INDEPENDENT

JESUSWALKS
LIKEITSHOT
LOLLIPOP
NOHELP
ONMYBLOCK
TOUCHIT

TOUCHTHESKY
WELCOMEBACK
WORKIT

MODERN SONGS

```
M  G  U  B  D  W  O  R  T  H  I  T  L  Q  X
L  O  X  N  A  N  E  I  H  V  V  F  I  B  N
O  Q  O  U  I  D  V  B  Y  T  G  A  A  U  D
D  S  J  D  J  L  N  G  B  N  U  K  U  Y  S
W  P  S  I  S  A  L  B  T  X  T  E  D  Z  P
I  A  P  T  E  W  B  A  O  M  T  L  M  S  X
S  C  U  T  I  W  I  G  B  U  O  O  E  T  K
H  E  F  A  R  G  O  N  E  B  J  V  I  Z  L
W  S  D  Y  T  K  I  N  G  S  D  E  A  D  D
I  H  U  E  I  U  N  D  E  S  C  N  E  F  L
S  I  E  T  R  A  P  T  A  H  T  R  T  C  G
H  P  R  S  S  M  A  E  R  D  D  I  C  U  L
T  J  A  O  K  U  D  E  E  D  N  I  S  E  Y
V  C  G  C  Z  E  J  D  B  M  Q  P  B  X  B
F  O  J  E  D  I  L  S  E  I  S  O  O  T  H
```

BADNBOUJEE	KINGSDEAD	WISHWISH
BALLIN	LUCIDDREAMS	WORTHIT
DIGITS	MOODSWINGS	YESINDEED
FAKELOVE	SPACESHIP	
FARGONE	THATPART	
JUSTUS	TOOSIESLIDE	

ARTISTS

```
Z  S  S  E  N  O  L  A  M  T  S  O  P  M  N
Q  S  E  T  D  B  T  I  N  N  X  P  R  V  M
L  L  S  X  F  W  Y  E  L  N  O  W  A  Z  A
U  L  C  O  N  X  C  R  K  A  W  J  C  R  T
Y  Z  I  C  B  C  A  I  R  I  O  A  T  L  L
U  X  G  H  R  F  P  C  C  L  M  L  H  H  R
K  I  N  L  S  P  O  K  A  L  R  U  I  S  T
M  T  W  W  E  S  N  S  S  K  W  S  A  K  P
O  O  S  O  E  A  E  E  H  S  U  O  F  A
U  A  L  A  I  C  I  R  E  T  O  S  E  I  D
T  L  Q  Q  L  A  V  M  P  B  V  K  W  X  A
H  U  Y  N  B  R  W  O  J  Y  N  N  H  O  J
M  R  K  I  Q  J  E  N  K  F  C  U  E  G  Z
F  I  W  M  U  B  C  V  T  X  L  V  K  F  P
R  A  T  S  C  C  O  R  E  H  S  Z  B  W  Y
```

CAPONE	FOUSHEE	POSTMALONE
CYPRESSHILL	JOHNNYJ	ROCCSTAR
ERICKSERMON	KILOALI	SHAWNNA
ESOTERIC	MIKE	YUKMOUTH
EVERLAST	NWA	

MODERN SONGS

```
L  O  R  T  N  O  C  F  L  E  S  Z  U  C  G
M  W  K  X  I  C  Q  H  O  H  J  X  Y  E  N
I  M  O  T  U  N  N  E  L  V  I  S  I  O  N
H  I  T  W  R  M  S  J  X  D  Z  I  I  L  I
C  D  T  C  X  A  A  Q  J  P  D  J  Y  B  M
Z  D  H  N  E  E  R  G  D  R  A  L  L  O  C
N  L  E  M  W  F  L  O  I  Y  Z  X  U  R  Z
F  E  L  F  P  X  F  F  Q  C  T  H  P  A  Q
R  C  O  I  R  K  D  E  O  M  U  H  C  B  M
X  H  N  W  L  P  T  W  O  G  E  K  Y  O  J
U  I  D  J  Q  S  Z  Q  S  N  S  J  P  R  Q
C  L  O  S  E  F  R  I  E  N  D  S  G  A  Q
T  D  N  Y  R  O  K  B  U  L  A  N  J  A  I
R  B  M  Z  Y  P  O  P  S  T  Y  L  E  G  J
K  D  Y  W  D  A  R  E  D  R  O  S  E  S  I
```

BORABORA
CHUM
CLOSEFRIENDS
COLLARDGREEN
GOFLEX
MAGIC

MIDDLECHILD
NOEFFECT
POPSTYLE
PTWO
REDROSES
SELFCONTROL

THELONDON
TUESDAY
TUNNELVISION

MODERN SONGS

```
C L J W M Z W K H O M L Q Q C
X X T F S O R Z D R B X C X U
M I N D A P A I N T K C Y G N
N G F G B S M C D O E G X Y O
L I N E T L T U O Y Y K C U L
G O C O C H U A B J V K I O I
C X O U S L G E R E B O S S E
J O N W Q Y R I S G S R P R Z
E C T I L M A J N U A O S H C
W V R E H D J D T E E Z O T E
T U O M N H Y B H V N D I G C
O F L L S A N R L T P O E N J
X J L V Z J F L Y I R W C D G
N T A N O H E A R T R I N G R
P R A Z I F K J L E Z V B C Q
```

BIRTHDAYSONG
BLUESUEDE
COCO
CONTROLLA
FANETO
GOOSEBUMPS

INDAPAINT
LOVE
LUCKYYOU
NOHEART
NOLIE
ONENIGHT

RING
SOBER
STARGAZING

Puzzle #37

MODERN SONGS

```
X  R  E  A  L  L  Y  R  E  A  L  L  Y  K  A
B  U  Y  T  T  I  L  J  J  S  I  S  M  W  K
E  R  F  Q  D  Z  L  O  C  Y  Z  E  E  H  G
P  V  Z  L  I  I  N  L  G  H  O  Y  Y  E  R
K  G  B  G  E  F  Q  B  U  M  T  G  L  R  J
L  G  B  Y  Y  X  K  V  Z  M  U  X  O  E  R
W  O  N  W  O  T  N  W  O  D  I  T  O  Y  M
A  V  H  L  U  C  M  X  I  E  V  N  K  A  S
K  T  T  S  N  L  M  R  U  W  U  W  A  A  S
E  A  P  D  G  D  M  E  R  O  Z  D  T  T  S
U  P  K  P  D  P  T  L  G  A  C  H  M  U  E
P  B  A  B  Y  W  I  P  E  A  G  X  E  X  Z
U  M  X  W  Z  Z  L  X  S  L  M  E  S  S  Q
B  O  U  N  C  E  B  A  C  K  U  A  R  Q  D
I  N  O  J  S  K  Y  B  O  X  P  G  N  M  R
```

BABYWIPE	JUMP	SKYBOX
BOUNCEBACK	LITTY	WAKEUP
DIEYOUNG	LOOKATME	WHEREYAAT
DOWNTOWN	MEGAMAN	
FLEX	MRRAGER	
ILLUMINATE	REALLYREALLY	

MODERN SONGS

```
I  Y  X  S  W  O  N  K  D  R  O  L  R  Y  I
C  Y  N  J  E  L  B  A  H  C  U  O  T  N  U
V  W  N  W  G  K  M  M  V  H  O  F  N  G  M
A  U  E  O  O  C  C  C  U  W  N  A  X  Q  L
X  U  J  T  I  T  E  A  N  G  E  L  S  U  M
T  C  Q  E  H  T  T  O  R  C  Y  Z  T  L  S
R  V  L  K  U  E  A  S  D  E  V  G  F  H  V
J  T  T  C  X  L  P  M  O  Y  L  L  X  E  C
S  C  B  T  H  L  B  E  R  H  L  E  G  J  M
S  E  R  O  R  F  Q  Y  O  O  G  L  S  D  J
H  I  K  C  M  L  K  P  B  P  F  Y  A  S  H
I  I  M  I  O  C  C  C  I  A  L  I  X  E  B
X  J  S  G  N  I  S  S  E  L  B  E  Q  G  R
A  F  N  I  B  N  J  S  T  H  G  I  N  J  X
F  Y  P  A  J  W  M  Z  G  I  C  X  E  Z  O
```

ANGELS
BABYBLUE
BLESSINGS
CARELESS
CHECK

FORMATION
GHOSTTOWN
GUMBO
LORDKNOWS
NIGHTS

NIKES
REALLYDOE
UNTOUCHABLE
WETHEPEOPLE

1990S SONGS

```
Q  Q  C  P  L  A  Y  E  R  S  B  A  L  L  S
A  S  T  S  C  O  I  N  L  D  M  G  U  B  K
S  O  R  X  E  R  Q  T  J  G  C  X  K  T  O
V  P  R  U  K  N  O  C  K  Y  O  U  O  U  T
U  A  U  U  O  R  O  S  X  F  E  U  R  Y  I
Y  S  X  T  O  Y  T  K  S  T  R  F  R  A  C
S  S  O  I  A  T  S  S  O  R  K  E  W  U  Z
Q  I  R  T  U  H  D  I  P  O  O  R  A  J  C
M  N  E  T  E  L  T  R  E  Y  H  A  K  B  I
P  M  K  M  P  G  Y  K  A  C  I  S  D  O  A
F  E  N  E  A  F  G  X  C  W  I  W  S  S  A
W  B  G  T  O  N  W  E  X  A  A  O  I  G  B
M  Y  E  Q  Q  J  Y  U  R  U  B  P  H  S  C
R  O  M  A  K  E  E  M  S  A  Y  K  Y  C  H
P  F  K  D  N  I  M  F  O  E  T  A  T  S  I
```

AWARDTOUR

BACKTHATUP

CHOICEISYOURS

CROSSROADS

GETO

IWISH

KNOCKYOUOUT

MAKEEMSAY

MYNAMEIS

PASSINMEBY

PLAYERSBALL

SHOOKONES

STATEOFMIND

TROY

MODERN SONGS

```
T  T  J  M  D  J  A  U  Z  Q  I  S  V  Z  Q
J  O  L  R  B  W  M  O  S  N  A  R  P  Y  L
X  U  A  V  H  P  U  T  I  N  U  R  O  M  V
J  F  A  G  P  K  I  G  Q  F  O  Q  P  M  H
H  U  Q  H  Y  A  V  C  Q  A  O  I  N  O  H
Z  G  I  D  B  M  U  V  D  S  S  G  T  L  M
Y  B  A  D  Q  I  X  I  K  H  Q  P  A  P  Q
D  Q  Z  D  U  K  X  D  L  I  G  H  P  T  O
H  Q  S  E  V  A  E  L  N  O  D  O  O  L  B
R  M  E  Q  P  Z  Q  J  A  N  V  U  S  U  N
E  V  A  P  L  E  H  S  I  F  L  E  S  M  C
N  S  D  L  I  W  S  I  H  T  E  V  I  L  L
B  A  S  F  F  Y  G  Q  Y  O  B  R  A  T  S
B  P  P  O  B  O  T  H  L  G  E  P  L  N  R
D  T  R  A  E  Y  E  H  T  F  O  N  A  M  Y
```

AUDI	ILOVEIT	RUNITUP
BAD	KAMIKAZE	SELFISH
BLOODONLEAVES	LIVETHISWILD	STARBOY
BOP	MANOFTHEYEAR	
BOTH	OPTIONS	
FASHION	RANSOM	

ALBUMS

```
H T P S J B K L F A Y L I Y R
N H H P Y A K S W E I V S U N
B O N E S H N O D N O L F E T
A R Z M S C A W S N U N X R R
L D Y A A C O X X A T U P F M
L I L X N D O R Q J T C G I M
L E H T C A O R P R A O W D R
R T C A O D D A E I C C L E K
M R K O O B G N I R O L O C B
N Y B Q M D J N A H M N U I V
N I T H S I F G I B P B D D P
S N C I T A M L L I T S V E F
G N P O M H O F O A O S T D F
G S L E W E J E H T N U R P U
A H Z J E H D C G L V F F L I
```

BANDANA
BIGFISH
COLORINGBOOK
DAMN
IDECIDED

ORDIETRYIN
OUTTACOMPTON
RUNTHEJEWELS
SCORPION
STILLMATIC

TEFLONDON
THESCORE
VIEWS

ARTISTS

```
J  F  U  B  J  H  B  F  M  C  J  Z  J  G  N
D  P  U  D  Y  T  T  L  I  A  X  K  I  A  F
L  U  O  T  E  F  I  T  N  W  T  A  A  F  X
J  A  W  L  U  L  M  O  H  Y  S  E  Y  M
N  A  F  U  E  R  G  Q  I  C  I  E  I  P  U
H  O  N  F  N  G  I  A  T  L  S  K  H  W  E
I  B  R  I  K  J  I  S  E  G  S  D  Z  U  T
N  S  I  M  M  C  C  S  T  E  U  S  E  L  D
T  V  C  G  A  I  I  J  E  I  K  N  A  R  F
Q  B  L  S  S  C  K  R  D  I  C  I  A  R  D
Y  Y  E  H  W  E  S  C  K  P  N  F  M  C  T
G  R  U  Y  A  B  A  D  I  C  Q  A  O  E  E
E  C  I  L  A  M  O  N  B  N  I  C  E  P  Q
V  A  N  I  L  L  A  I  C  E  B  L  Q  B  G
X  N  I  A  L  L  I  V  D  A  M  N  S  N  V
```

BEANIESIGEL   MADVILLAIN   SLICKRICK
BIGSEAN   MIKEEAGLE   TWISTA
CAMRON   MINO   VANILLAICE
DREDSCOTT   NICKIMINAJ
FRANKIEJ   NOMALICE
FUTURISTIC   RASSLIMIT

ARTISTS

```
N  P  A  W  A  C  K  A  F  L  O  C  K  A  A
C  A  W  B  L  A  H  T  E  L  C  A  M  E  A
D  K  I  L  L  A  H  P  R  I  E  S  T  A  Q
I  B  X  B  D  S  T  A  R  L  I  T  O  C  E
T  O  L  B  U  R  E  J  W  W  I  B  L  R  Y
B  A  K  L  Z  N  O  J  D  A  K  F  R  O  Y
H  G  H  R  L  D  D  U  L  Y  S  B  D  K  R
E  U  S  S  S  Z  O  N  O  N  D  P  J  P  U
P  K  D  H  U  O  Y  M  A  E  E  H  T  Z  B
J  O  K  A  A  P  N  O  S  R  E  D  N  A  I
A  C  L  L  B  S  J  E  Y  I  B  H  K  N  D
U  F  B  H  I  A  L  R  R  Z  C  T  R  A  Q
Q  C  G  R  H  S  B  M  O  D  C  I  L  F  I
U  V  V  W  X  Y  U  Y  P  G  H  D  L  N  Z
K  Y  L  D  O  I  R  E  P  S  E  W  I  Y  Q
```

ANDERSONPAAK	KILLAHPRIEST	STARLITO
BRANDNUBIAN	KRSONE	WACKAFLOCKA
DABABY	LILWAYNE	WESPERIOD
DOMSICILY	MACLETHAL	
JERU	PUSHAT	
JONZ	SILKK	

ARTISTS

```
T  K  S  T  E  A  D  Y  B  P  V  B  Z  C  X
J  R  E  D  C  A  F  E  W  K  Y  B  M  L  B
P  F  R  A  N  K  O  C  E  A  N  E  S  D  O
O  A  J  Z  E  N  A  L  Y  R  O  T  F  H  B
R  V  Y  D  U  N  A  E  L  G  N  U  Y  E  N
T  E  L  I  N  E  V  U  J  F  H  A  Z  T  R
E  X  H  L  E  N  M  L  U  E  H  P  D  F  X
R  R  A  L  X  D  T  R  Q  B  F  G  D  Z  B
K  Y  F  I  M  P  A  R  G  L  O  O  K  J  E
F  Y  Q  N  D  Y  O  U  T  A  S  I  G  H  T
M  U  K  G  R  D  S  Y  K  C  I  D  L  I  L
U  S  C  E  A  K  L  I  M  K  C  A  L  B  T
P  H  A  R  C  Y  D  E  W  C  L  H  C  K  V
U  E  Y  W  A  Z  M  B  Z  M  X  B  E  I  I
K  R  E  J  A  T  A  J  P  S  K  Z  X  M  N
```

BLACK	LILDICKY	TORYLANEZ
BLACKMILK	OUTASIGHT	USHER
DAZDILLINGER	PHARCYDE	YUNGLEAN
FRANKOCEAN	REDCAFE	
JUVENILE	STEADYB	
KOOLGRAP	TJPORTER	

MODERN SONGS

```
X  G  H  O  W  T  O  L  O  V  E  J  R  U  M
U  C  Q  X  R  R  B  A  P  E  W  A  L  K  K
S  E  N  A  L  H  C  T  I  W  S  W  A  L  U
Z  S  Y  G  R  L  S  T  Y  G  O  U  N  D  L
L  H  N  L  S  I  I  I  O  E  N  W  S  L  E
D  O  N  T  R  U  S  H  C  O  N  O  G  K  P
A  D  Y  S  Q  A  O  K  C  K  F  T  S  N  Y
M  K  R  A  C  V  N  R  R  N  O  X  A  C  R
Z  O  S  Y  L  P  W  G  E  Q  O  M  I  M  Y
B  M  N  L  L  T  N  M  X  G  H  A  O  S  Y
W  N  E  A  I  D  Y  R  C  T  N  O  D  D  R
V  M  Z  C  L  T  A  E  B  T  R  A  E  H  E
Y  W  G  L  M  I  H  O  M  I  C  I  D  E  L
N  V  N  W  A  S  S  E  I  J  L  Z  U  K  J
X  N  C  X  J  V  B  A  P  G  M  N  P  S  X
```

BAPEWALK	HOMICIDE	SIXFOOT
DANGEROUS	HOWTOLOVE	SWITCHLANES
DONTCRY	LOYALTY	WOW
DONTRUSH	MONALISA	
GNARLY	ONCHILL	
HEARTBEAT	SICKOMODE	

1990S SONGS

```
J  W  S  C  I  T  A  M  E  H  T  A  M  K  Z
T  I  L  L  I  N  F  I  N  I  T  Y  K  N  H
G  X  I  J  O  H  S  S  N  P  U  F  D  O  J
H  W  T  O  R  W  E  N  A  I  Q  P  O  W  P
S  T  E  Z  U  S  Q  M  C  B  H  D  D  T  P
E  O  N  F  S  G  Y  O  O  L  E  C  O  H  N
E  Y  T  O  O  B  T  A  F  S  M  E  U  E  G
N  X  D  H  I  U  D  M  S  L  D  J  N  L  V
A  V  C  X  P  T  N  E  U  N  R  D  X  E  R
M  C  Z  L  Q  M  I  D  E  B  O  Q  Y  D  R
A  Q  V  C  G  R  U  N  L  N  E  M  R  G  V
N  W  A  I  P  Q  I  I  I  O  I  L  I  E  B
D  H  E  Y  Z  G  Q  C  R  F  V  L  P  S  F
I  C  W  C  Y  Q  B  P  I  T  E  E  L  P  F
E  L  R  Z  U  O  D  I  C  B  R  D  W  A  A
```

ALLINEED	MATHEMATICS	TILLINFINITY
APPLEBUM	MSFATBOOTY	TRIUMPH
DEFINITION	RENEE	WEFOUNDLOVE
KNOWTHELEDGE	SEENAMANDIE	
LUCHINI	SIMONSAYS	

2000S SONGS

```
Z  L  E  S  M  R  V  J  D  B  A  J  F  S  V
D  N  Q  H  D  A  E  J  G  N  K  Z  H  V  I
S  A  B  B  U  T  M  K  I  Q  A  S  P  C  C
Y  Q  M  I  R  T  S  O  A  P  W  B  A  E  F
P  E  Y  G  H  X  O  P  T  M  V  I  Y  W  S
R  A  N  L  O  K  G  H  A  T  Y  F  Q  M  O
E  E  P  O  F  L  C  N  W  C  E  E  H  U  S
G  J  M  E  M  Y  D  A  I  A  L  Z  N  Y  R
G  B  J  A  R  T  A  D  B  D  M  L  T  O  P
U  Q  B  U  R  P  E  T  I  N  N  Y  A  D  M
I  S  U  H  S  K  L  G  S  G  A  I  E  Z  D
E  W  G  P  M  A  E  A  I  E  G  E  R  H  W
D  K  E  O  H  L  D  H  N  Z  I  E  L  G  Y
J  G  S  Q  C  K  X  V  T  E  Z  C  R  L  X
E  N  F  T  P  Z  K  C  S  K  S  O  N  X  H
```

ALLCAPS	IZZO	STAYFLY
DAYNNITE	LEANBACK	THEKRAMER
GOLDDIGGER	MONEYMAKER	
GRINDIN	MYBAND	
HEYMA	PAPERPLANES	
IGETMONEY	PSA	

ARTISTS

```
F  I  V  I  O  F  O  R  E  I  G  N  I  D  O
I  D  U  M  B  F  O  U  N  D  E  A  D  L  F
M  C  L  Y  T  E  S  K  H  F  S  C  B  S  K
L  E  C  I  R  P  N  A  E  S  H  M  O  E  T
P  E  B  R  J  V  V  I  A  N  A  I  F  Z  U
Z  R  N  N  E  C  N  C  M  M  M  N  B  O  C
F  S  O  O  O  A  X  T  Z  A  I  H  K  B  V
Y  X  N  J  B  L  W  A  O  N  Z  T  M  I  Z
P  B  D  M  E  E  E  N  Y  B  Q  H  W  E  C
J  P  I  Q  V  C  I  G  U  T  Y  W  W  T  E
P  R  V  Z  O  B  T  Z  N  P  R  M  V  R  V
C  H  R  N  G  Y  X  P  Y  A  G  O  A  I  K
H  J  U  M  N  U  Y  G  A  A  D  I  F  C  W
U  H  Z  Z  L  B  M  P  W  T  R  V  B  E  N
X  Z  N  V  S  C  U  J  E  N  X  K  J  V  Z
```

AMINE	ESHAM	OBIETRICE
BIGPUN	FIVIOFOREIGN	PROJECTPAT
DANGELO	KRAYZIEBONE	SEANPRICE
DUMBFOUNDEAD	MCLYTE	TOBYMAC
EFORTY	MUGZI	

ALBUMS

```
Q  I  B  V  G  W  J  N  Y  C  Z  L  Y  T  X
W  E  T  U  V  N  I  W  Z  I  X  L  P  P  V
O  Y  W  W  B  A  A  H  A  B  P  H  Q  X  E
R  E  S  L  L  I  H  T  S  E  R  O  F  J  M
L  Z  L  K  C  S  L  L  U  R  E  N  K  E  O
D  O  P  Y  C  Q  T  A  P  W  O  F  H  L  R
I  N  H  X  T  I  W  H  M  U  R  H  Z  E  E
S  M  D  O  K  S  N  B  G  L  K  E  M  T  L
Y  E  F  I  O  X  Y  O  N  I  L  C  T  D  I
O  X  J  F  R  D  I  G  R  B  N  X  A  N  F
U  W  V  U  T  J  I  E  G  H  E  E  Z  L  E
R  U  J  K  D  D  X  E  S  O  C  C  T  B  B
S  E  Z  D  O  G  B  F  S  Z  D  Q  L  A  E
N  P  B  Q  H  Z  D  M  J  Z  Q  O  Y  Y  L
H  T  C  L  U  A  T  L  I  E  N  S  F  H  Y
```

ATLIENS	FORESTHILLS	MORELIFE
BLACKUP	HOODIESZN	WORLDISYOURS
CHRONIC	KOD	ZUU
DOGGYSTYLE	LATENIGHTS	
ENTERWUTANG	MALIBU	
EYEZONME	MBDTF	

ARTISTS

```
U U T G Y S E L Z G A R D Y F
I V T K Y B T Y I B Z U T N Y
E E W N P B Z Z V L T V C P M
V N Z Q N L L T O I G R D T Z
I X E D S U O M A F N O I D S
D N R R C E E I D G T O T P Z
E M I T E F K S T G W C S I O
N O T P M A H K C O R B B A T
C U X V I C M E N S A A L N J
E U G K I E R U T U F D D O V
Q N A M D E G G U R K O Q U M
D Y K A H T D Y S Z U G C Z O
X W K G D R X L R A C S H J R
C J K O N P H T W J K M O J D
Y M E N E C I L B U P C A J W
```

BLUEFACE
BROCKHAMPTON
EVIDENCE
FAMOUSDEX
GATZBY
JASONIVY

LILGOTIT
ODDFUTURE
PUBLICENEMY
RUGGEDMAN
RZA
SCARLXRD

SYDTHAKYD
TIME
VICMENSA

Puzzle #51

ARTISTS

```
Q  U  V  V  E  U  A  V  V  E  B  S  U  I  S
V  R  I  D  Y  K  E  A  D  R  O  C  N  B  Y
A  A  I  R  N  G  R  X  D  G  H  R  O  A  G
Y  Q  E  V  O  O  D  U  X  H  O  E  H  M  H
Q  N  O  D  B  W  D  O  D  X  F  J  Q  E  N
Y  B  R  I  E  V  E  N  H  L  N  F  C  W  F
N  J  A  W  L  Y  W  U  O  O  I  K  T  C  F
B  V  R  E  N  O  E  L  I  L  F  L  I  P  W
C  H  L  V  C  I  O  P  S  U  F  J  K  C  H
L  Q  X  N  A  I  R  C  B  Z  V  F  H  T  E
S  U  N  F  U  N  K  M  O  B  B  J  E  K  Z
V  C  L  L  I  M  K  E  E  M  Y  S  Y  T  G
N  D  Y  R  Z  M  O  O  D  F  M  M  K  F  S
B  Z  I  R  Q  K  I  T  T  O  G  O  Y  L  A
O  S  E  S  Q  B  I  Z  Z  Y  B  O  N  E  F
```

BIZZYBONE   HODGY   STEFFLONDON
COMMON   LILDURK   YBNCORDAE
COOLIO   LILFLIP   YOGOTTI
DONQ   MEEKMILL
EYEDEA   MFDOOM
FUNKMOBB   NAV

ARTISTS

```
A  P  S  B  V  E  W  E  S  V  F  A  R  E  U
O  L  H  L  L  I  H  N  Y  R  U  A  L  U  G
M  I  K  E  S  H  I  N  O  D  A  X  P  T  L
Z  G  P  M  B  V  W  T  E  B  F  S  Y  J  V
T  D  J  K  H  A  L  E  D  R  A  K  E  G  B
U  A  B  Z  G  O  L  D  C  H  A  I  N  S  L
K  E  C  A  F  R  I  I  J  O  H  G  Z  I  R
L  W  M  A  G  Z  R  R  B  P  R  O  O  F  A
D  L  O  N  J  F  N  A  K  A  T  J  C  Q  C
H  E  Q  N  Z  O  O  I  T  Z  B  V  H  R  B
I  F  R  C  I  Y  D  T  P  S  E  Y  E  M  P
F  X  M  O  Q  B  U  T  F  S  G  N  V  T  T
Z  R  V  F  Y  T  M  C  Y  I  E  N  M  G  K
C  T  B  B  J  X  N  A  U  Q  G  Y  A  D  S
N  Y  E  L  Z  Z  I  R  G  E  E  T  T  G  S
```

BALIBABY	GIFTOFGAB	PROOF
DJKHALED	GOLDCHAINS	QUAN
DOJACAT	JROC	TEEGRIZZLEY
DRAKE	LAURYNHILL	
GAMBINO	MIKESHINODA	
GANGSTARR	NIPSEY	

ARTISTS

```
K  U  X  F  P  K  M  N  K  B  G  Y  N  Q  Z
H  B  G  I  J  H  C  L  T  C  N  E  R  O  U
X  Y  U  L  N  A  I  A  U  N  R  Q  G  M  E
T  B  T  D  Y  N  D  F  L  K  L  H  E  P  J
D  H  L  O  H  G  M  J  E  B  C  Y  A  Y  P
I  O  G  A  O  S  O  G  P  D  K  J  E  L  A
L  C  M  U  Q  S  U  D  Y  O  A  A  C  E  U
D  F  A  O  O  P  H  L  P  E  L  W  D  A  P
M  W  N  E  G  H  O  O  P  O  A  O  G  O  M
J  C  O  X  J  E  T  E  R  A  Z  Z  I  B  K
R  V  B  E  R  S  N  K  T  T  O  X  Y  F  Z
W  F  R  Y  N  F  O  E  C  N  I  R  P  E  Z
H  I  O  Q  A  R  E  M  S  A  X  I  C  D  R
P  P  W  C  W  P  K  Q  W  I  L  E  Y  H  N
T  I  N  B  A  M  W  X  B  I  S  B  J  X  E
```

APLUS

BIZZARE

BLACKTHOUGHT

BLAQPOET

DJPOLO

DLO

DOMOGENESIS

EAZYE

KODAKBLACK

MANOBROWN

PHIFEDAWG

PRINCEOFNY

TOOSHORT

UGLYGOD

WILEY

MODERN SONGS

```
C L V I T E L W V P W V A L U
V I X T O N M U N F V R A S B
V U S H T N E T F U K A O T W
F U R I E Q I M I O N M V E A
U W E B S E G H E W P Y T E C
U L J W K T V D S L N M O F J
N V G A I M V E O A E A Y N Y
G P A L B I D M R J L B E N I
G I N R T M O H C Y S P X L B
Z Z G S E P A N D A D U S T A
T S G Z N W L B E H D A I E S
Q V A B U S S D O W N E Y P P
U F N O Y G J N M M I E A E S
Q H G V V B Y C A M E L O T N
H D N I A G A U O Y E E S A H
```

ANSWER	GANGGANG	PSYCHO
BUSSDOWN	ISIS	SEEYOUAGAIN
CAMELOT	LEANWITME	SPLASHIN
DEATH	MOBAMBA	
ELEMENT	PANDA	
EVERYDAY	PETA	

1990S SONGS

```
P  H  M  R  T  E  R  R  O  R  D  O  M  E  J
O  V  F  Y  L  A  E  P  P  A  S  S  A  M  T
F  K  Z  H  N  A  S  I  S  L  I  K  E  C  M
K  E  E  P  Y  A  H  E  A  D  U  P  M  Q  Y
R  T  L  Y  S  U  G  A  R  H  I  L  L  U  X
E  I  G  E  T  A  R  O  U  N  D  L  X  K  B
Y  H  T  M  V  H  Y  A  H  U  S  U  I  K  Q
A  W  P  M  Z  A  J  D  I  A  E  I  D  N  T
P  U  S  E  M  I  T  O  J  M  M  K  J  V  S
D  P  A  X  T  I  N  O  E  V  I  F  I  C  V
O  Q  D  G  P  H  C  W  R  C  T  T  Z  X  T
A  Y  Y  V  U  P  P  O  Y  S  N  B  K  P  A
T  H  N  S  F  F  U  P  O  R  F  A  I  E  B
W  N  W  O  D  W  O  L  S  V  U  T  E  S  S
G  E  M  I  T  R  E  M  M  U  S  E  I  V  R
```

AFROPUFFS
DOOWOP
ELEVATORS
FIVEONIT
IGETAROUND
KEEPYAHEADUP

MAHOGANY
MASSAPPEAL
NASISLIKE
OPP
SLOWDOWN
SUGARHILL

SUMMERTIME
TERRORDOME
TIMESUP

ARTISTS

```
D  A  U  Q  S  R  O  R  R  E  T  U  N  R  G
D  Y  T  T  O  I  L  L  E  Y  S  S  I  M  Z
F  A  I  U  I  V  G  K  H  C  T  J  Q  H  B
O  N  U  S  N  O  R  F  G  P  U  I  O  R  K
W  Y  U  R  Y  M  A  D  E  I  N  T  Y  O  S
G  L  S  D  L  E  N  O  E  V  I  G  B  O  Q
Q  U  E  E  U  B  D  Z  L  F  V  H  M  P  U
P  J  H  E  X  K  P  I  I  A  R  F  S  C  S
V  E  C  T  L  V  U  L  R  C  E  G  H  A  L
C  P  T  Q  M  E  B  H  H  C  N  S  N  R  G
Q  H  B  E  T  I  A  P  A  R  M  R  I  D  N
P  C  J  D  H  T  L  W  I  Y  A  B  D  I  J
M  F  B  S  L  T  N  S  S  J  T  H  B  B  R
R  P  P  R  U  P  E  K  O  M  S  X  E  N  C
I  G  T  E  P  C  N  I  B  O  T  P  M  I  P
```

CARDIB	MCRIDE	SWAELEE
GASHI	MISSYELLIOTT	TERRORSQUAD
GIVEON	PIMPTOBI	YURY
GRANDPUBA	RONSUNO	
JID	SLIMTHUG	
MADEINTYO	SMOKEPURPP	

MODERN SONGS

```
N  R  R  D  P  G  S  S  A  I  J  M  V  W  J
L  D  E  E  T  A  H  W  R  O  F  E  C  I  N
A  G  E  T  W  R  O  N  H  T  O  U  D  Y  P
A  N  K  V  T  O  A  W  C  Z  D  K  Z  Z  Z
M  W  L  L  A  I  L  P  M  G  V  E  K  L  S
A  D  B  U  Q  S  S  F  A  R  H  A  O  W  R
C  I  O  C  F  V  T  Y  N  L  C  B  J  B  V
T  H  D  I  F  E  W  A  B  U  L  Z  E  I  O
R  U  R  R  J  Y  R  E  T  A  S  A  T  G  R
T  U  O  P  O  P  T  A  C  E  B  M  F  R  C
T  W  S  L  J  C  W  H  C  A  D  G  B  I  R
F  Y  E  J  C  F  S  T  E  E  R  T  S  N  G
S  Y  D  W  G  K  O  K  I  B  B  E  W  G  F
S  Z  Q  T  H  E  M  O  T  T  O  V  H  S  V
T  E  S  C  A  F  Q  D  B  N  R  X  N  T  Q
```

BABYSITTER	IFALLAPART	THEMOTTO
BECAREFUL	NICEFORWHAT	THERACE
BIGRINGS	POPOUT	WOAH
CLOUT	STREETS	
DEVASTATED	SUNFLOWER	
DROSE	THEBOX	

Puzzle #58

RAP & HIP HOP CITIES

```
S U N A Y U V X I J Y O L S X
E O C M I M S L Y H M B B J E
M C A I I Y K G U K I C P C J
L O S A N G E L E S N U E A W
L L Y M K R O Y W E N T K J A
R J C I Z S I H P M E M G L S
T N O T S U O H P R A Z X O H
S S M I N W U S K R P V Y S I
V N P X S N A E L R O W E N N
D E T R O I T D N A L K A O G
V L O G A C I H C K I I X B T
M S N M S T L O U I S X N T O
I A Y A M M B X D D B M Y A N
N T P H I L A D E L P H I A T
D S A T N A L T A R L E E P U
```

ATLANTA

CHICAGO

COMPTON

DETROIT

HOUSTON

LOSANGELES

MEMPHIS

MIAMI

MINNEAPOLIS

NEWORLEANS

NEWYORK

OAKLAND

PHILADELPHIA

STLOUIS

WASHINGTON

MODERN SONGS

```
E  H  M  V  X  X  D  K  V  A  H  Y  T  L  N
T  Y  P  K  B  S  S  Y  S  F  C  J  J  L  U
V  S  R  S  O  U  O  R  Q  G  C  H  B  J  N
G  C  W  F  S  G  M  J  E  H  X  M  B  S  W
L  N  L  H  R  E  W  O  P  K  Q  U  M  J  N
E  F  I  O  O  I  N  I  B  U  N  M  K  Y  U
T  M  D  L  S  D  T  D  S  O  R  O  U  K  K
H  T  E  V  B  E  O  S  A  P  H  K  Y  N  E
E  E  Y  S  U  E  N  Y  H  M  Y  A  W  I  T
R  G  Y  B  A  B  N  I  O  G  H  M  V  I  O
G  X  E  L  O  R  Y  I  M  U  J  C  K  S  W
O  J  D  Q  W  O  E  F  L  L  L  Y  R  Y  N
P  D  I  M  W  C  S  E  S  T  L  O  B  A  D
I  H  O  S  Z  R  H  I  F  N  O  A  V  V  M
G  B  T  N  Y  I  C  N  J  Q  B  H  T  E  U
```

ALLMINE	LETHERGO	SUGE
CLOSE	MARCHMADNESS	WHODOYOULOVE
ERASEME	NUKETOWN	YONKERS
GOINBABY	POWER	
HOTLINEBLING	ROLEX	
ISPY	STIRFRY	

ARTISTS

```
M  E  L  F  L  R  W  H  P  U  L  Z  M  M  W
R  P  R  L  V  F  S  T  Y  L  E  S  P  L  W
D  O  O  M  L  P  P  U  W  X  N  Y  N  S  K
F  P  C  K  V  I  C  C  U  L  N  F  Y  Q  Z
F  S  X  U  I  X  B  O  F  V  W  V  R  D  Z
Z  M  R  S  B  N  D  K  G  L  L  L  X  D  F
T  O  E  O  Z  A  G  N  C  E  Z  A  T  G  K
H  K  D  V  J  X  N  V  R  I  A  J  P  E  T
E  E  V  M  Y  A  W  D  O  B  W  C  W  L  L
D  E  H  S  P  X  M  S  O  N  I  H  A  G  G
O  Y  L  C  M  Z  G  E  K  L  W  A  S  C  Y
C  N  E  U  J  I  W  E  E  G  L  A  H  U  K
P  T  U  D  O  C  S  I  D  L  U  G  V  L  B
F  A  T  W  R  R  K  N  I  L  D  L  O  G  C
V  J  D  U  E  S  S  E  N  I  F  D  R  O  L
```

BUSHWICKBILL
CEZA
CROOKEDI
CUBANDOLL
DISCOD
GOLDLINK

KINGVON
LEEMAJORS
LORDFINESSE
PMD
POPSMOKE
SIMS

STYLESP
THEDOC
YFNLUCCI

ARTISTS

```
C V N J V T J F Z I E C M R X
X E E H A M O E M B T E C S G
X I L O S C M L S K P Z V D U
X M L P L S K R A S D U C A N
D E I W H Y I B T X E T R W D
Y I N Y Q T O K O N I W E U D
U E K I M G I B A Y M M E A W
S J L Y Z M R T L D S O R S L
A Z A O W A L Z L A A A C I T
R G C T F L H C N E C J G S S
K A M Q P L G T H J D Z X A E
O J I L A E E V E J Y P G W M
D R I U R Y K X C M N A I S C
I Y A P R E T S A M O W W L Z
E J J S H E E K L O U C H Y H
```

AXELFOLEY	JACKBOYS	SHEEKLOUCH
BIGMIKE	JADAKISS	SIRMIXALOT
CALBOY	JESSEWEST	SKEPTA
CELPHTITLED	MASTERP	
COMETHAZINE	SAGA	
DAVE	SARKODIE	

ARTISTS

```
K  G  E  X  V  V  I  Z  K  A  R  T  C  B  Z
B  O  U  Q  Y  O  B  L  O  O  H  C  S  R  L
M  Z  O  D  M  R  C  H  E  E  K  S  C  Y  N
P  M  N  L  I  N  R  E  P  S  A  J  E  S  C
M  B  Y  U  K  F  M  U  X  N  B  X  G  O  Q
S  B  K  I  N  E  T  I  C  S  M  P  U  N  R
Z  L  L  D  C  K  I  R  G  L  R  D  X  T  E
U  P  M  V  M  M  Q  T  I  O  E  A  M  I  L
D  S  T  K  O  X  H  B  H  G  S  Z  P  L  K
A  F  A  R  Q  Q  S  C  R  D  N  G  N  L  J
W  E  N  V  D  E  L  A  I  C  E  P  S  E  N
B  S  G  U  A  M  I  A  N  N  D  I  O  R  D
P  B  T  O  U  G  Y  L  B  L  L  X  M  M  G
X  S  N  I  K  N  E  J  K  C  I  M  C  P  Z
A  L  M  I  G  H  T  Y  J  A  Y  L  B  J  N
```

ALMIGHTYJAY	KINETICS	SAVAGE
AMIL	KOOLKEITH	SCHOOLBOYQ
BRYSONTILLER	LILNASX	SPECIALED
DENZELCURRY	MICKJENKINS	
IANNDIOR	MIGOS	
JASPER	MRCHEEKS	

ARTISTS

```
Y  S  S  A  D  A  B  Y  E  O  J  S  Y  L  Y
I  F  G  E  W  P  L  M  Y  B  R  U  T  E  C
V  Z  O  W  T  N  Z  M  K  I  S  Z  I  S  H
D  Y  D  R  H  A  W  B  O  O  S  I  E  Q  M
J  U  K  E  T  I  G  A  A  G  L  G  X  B  A
Q  F  P  E  S  M  F  N  H  D  T  K  E  Q  P
U  W  U  P  L  S  I  E  I  S  B  G  M  A  X
I  S  I  K  G  U  O  N  D  V  C  U  H  D  L
K  E  A  K  C  O  R  P  O  S  E  A  N  Y  O
J  H  U  I  I  I  D  A  N  R  O  K  M  N  H
D  J  H  G  N  Q  R  N  J  W  V  M  I  O  Y
A  U  Y  G  Y  T  A  D  I  N  O  S  B  O  E
F  O  O  K  L  N  J  V  N  M  E  L  D  X  B
A  U  O  P  P  H  Q  H  B  E  U  R  C  B  P
J  P  L  L  E  K  T  S  N  C  K  W  X  K  Y
```

AESOPROCK
BADBUNNY
BOOSIE
CLOWNPOSSE
DJQUIK
FORTMINOR

INDOG
JARULE
JOEYBADASS
KENDRICK
KEVINGATES
MACSHAWN

MOSDEF
SAINTJHN
WIKI

Puzzle #64

ARTISTS

```
J  N  Z  A  P  E  I  N  N  I  V  K  D  Z  S
A  A  C  H  I  E  F  K  E  E  F  K  C  Y  U
X  B  F  N  J  Z  G  O  A  U  Q  K  D  J  I
Q  N  Y  T  Y  Z  H  A  H  M  A  D  G  A  C
P  B  M  B  F  L  Z  S  C  R  I  Z  P  R  I
W  E  A  R  N  J  W  Y  J  W  B  P  K  F  D
Z  Y  O  B  T  S  O  L  O  Y  U  D  P  A  E
T  T  I  E  R  R  A  W  H  A  C  K  U  C  B
C  J  H  G  C  D  Y  B  A  N  D  I  N  G  O
F  R  M  E  O  C  S  A  I  F  E  P  U  L  Y
A  K  H  A  L  I  D  B  D  C  F  K  E  J  S
F  F  U  P  Y  Z  M  U  N  Y  U  G  J  G  X
R  N  Z  U  O  W  E  C  N  G  A  C  O  Z  D
D  R  A  L  L  I  L  E  M  A  D  M  V  B  Q
P  L  Y  C  S  E  F  B  D  Z  G  F  U  Y  A
```

AHMAD	DUNA	SUICIDEBOYS
BANDINGO	JUICYJ	TIERRAWHACK
CAGE	KHALID	VINNIEPAZ
CHIEFKEEF	LOSTBOYZ	
DAMELILLARD	LUPEFIASCO	
DEEZLE	MAYDAY	

ARTISTS

```
T Z H E Z S R J W I L L I A M
L R O H L R O D D Y R I C H J
Z A I O E E D E O M L O O K J
L E S H W H C H W M E G J D K
P O G T S B P T F F S V Y H B
C C R D E T L J R Y H H E Y V
S Q G D O M A G N O N Y M X F
M M X G I D P E I X N Y O N D
A G E E G N E E W B Q I L K R
F Q D C S P F R R S D X C M X
I V Z C Q A R A F O B W W A Q
D S W N E U N A M O R F A H B
O M C P D S M O S O X U Y V O
O C U T Y R Z N Y I U X J E W
Q S B T D F I M X B E S Y V W
```

AFROMAN KOOLMOEDEE SWEATSHIRT
BIGL LASTEMPEROR WILLIAM
ELECTRONICA LORDINFAMOUS YONAS
EVE OYNX
FOXX PRAS
FREDO RODDYRICH

ARTISTS

```
R  J  K  Q  P  D  H  R  D  Z  F  Z  Q  D  S
I  D  U  C  D  I  K  U  Q  X  L  E  Z  G  E
Q  P  H  O  M  I  E  Q  U  A  N  V  S  A  Q
S  I  X  N  I  N  E  C  J  N  U  R  N  P  K
T  D  C  J  U  E  Y  R  R  Z  F  M  I  Q  S
U  J  I  Y  O  L  R  P  O  A  F  B  L  S  W
A  S  E  Z  T  E  J  E  A  N  G  R  A  E  M
D  A  Y  R  Z  H  B  M  H  A  Y  M  G  E  Q
M  B  D  U  E  Y  C  U  H  P  J  H  T  U  R
C  S  V  I  R  M  W  A  D  L  S  B  G  X  K
P  Q  B  B  R  G  I  R  Y  D  C  O  J  O  A
V  G  M  N  W  O  V  H  I  L  E  B  M  G  T
G  S  S  I  K  A  L  F  B  G  I  N  L  T  O
Y  X  G  S  R  O  A  F  M  O  H  L  U  T  A
O  S  I  R  C  A  D  U  L  D  S  T  K  B  F
```

ATMOSPHERE	JEANGRAE	MYA
BOB	JEREMIH	NORE
DIZZYWRIGHT	JOEBUDDEN	SIXNINE
FLAKISS	KIDCUDI	
FLORIDA	LILYACHTY	
HOMIEQUAN	LUDACRIS	

MODERN SONGS

```
N O S R E V I E T I H W M D V
E Z M D U T H C H W Z R S V A
N R D I V D C D O G N O Z T B
R O D I G W S I K L P O U C N
C A R B O H Y C T X D Q C E X
P P P Y F N T O Q T P J Z M T
F O U T M O A N A O A N Z P R
E V R O S Y Q R O V D G E H O
U D E T O Z M T A T H O U P P
F G W Q L B B S B P F S C B H
S H A B B A A Q V Z F P N R I
F G T G M B N K R N J E N A E
V D E Q B M D D E H F L J K S
S M R W R T U P X E K S H J E
W W I X C Q Y M S M P J V J C
```

BUGATTI
COLD
GOSPEL
ICON
MIGHTNOT
MOANA

MYRON
ONGOD
PARANOID
PEEKABOO
PORTLAND
PUREWATER

SHABBA
TROPHIES
WHITEIVERSON

ALBUMS

```
F W D T Q A O W R F Z S Q C G
C L P D C E M I T A T A H W D
P C L O A D E G L E N E Y T S
L R T I L E I D N L O F J O N
A F W O H S M E N I M E K Y D
S B I I E S A D T D T A P W T
T F A F T M S K A E D S T N N
R D P B H N S E X N Y Q E I G
O A C I D R A P R J S J N T C
W Y O T H E D R O P O U T N C
O T V W J L I K F G Y C C K B
R O T U O C M M D N O C I Y I
L N P A S A E V I L G N O L S
D A P C F W F U Q S X I Z H K
H G O L B A P F O E F I L U N
```

ACIDRAP
ANTI
ASTROWORLD
CYPRESSHILL
DAYTONA

DIELIT
EMINEMSHOW
ILLMATIC
LIFEOFPABLO
LONGLIVEASAP

SIMI
TESTING
THEDROPOUT
WHATATIME

1990S SONGS

```
X  F  B  L  D  W  M  O  T  Q  T  I  K  Y  U
B  A  B  Y  G  O  T  B  A  C  K  N  L  T  D
O  Y  P  D  P  M  G  Z  X  J  U  F  B  X  U
G  D  T  P  N  H  O  Y  M  O  M  O  N  E  Y
U  A  O  H  O  E  J  H  M  T  H  R  N  B  K
A  V  S  I  A  P  M  J  S  N  B  M  Z  A  B
X  M  T  T  X  S  G  N  H  E  O  E  D  L  Y
R  O  A  E  S  N  T  I  O  I  G  R  Y  Y  Q
L  W  Y  M  B  B  Y  L  B  Z  M  N  V  P  Y
E  C  G  U  R  R  C  O  X  Q  E  A  A  Q  F
D  J  Q  P  E  A  W  A  Q  H  H  Y  O  H  W
G  H  A  L  F  L  E  S  O  Y  K  C  E  H  C
F  P  Q  E  C  N  A  D  Y  T  P  M  U  H  W
J  I  V  O  L  D  T  H  I  N  G  B  A  C  K
K  E  E  C  E  F  I  L  R  O  F  G  U  H  T
```

BABYGOTBACK	EYEZONME	OLDTHINGBACK
BIGPOPPA	HITEMUP	ONMYGOD
CHANGES	HUMPTYDANCE	THUGFORLIFE
CHECKYOSELF	INFORMER	WHOAMI
DEARMAMA	MOMONEY	

ARTISTS

```
P I E Y O U N G M C F G X K T
P V R B L K P G P E W F B S P
G S F O T S I W T L I L Q I O
K N R F U G U L S U E X J H Q
E O B E F J L B A U X I V Q C
I Q K C V Z U Y N K S F Q F H
A T A R J I A Z E O Z T H D Y
I T W F G L R S K H W Z R J R
L V X T Q L Y S A A S K I J V
Q B Y B Z B C H I P F U J R I
Y Z J S D I B M G R F Q H X K
U B U X O L B W K D H E K C A
X D Q J T L J Y M D O C R J D
J J U H D Z E K A A N G M G R
I B E D F X G N M J T V U D H
```

ASAPFERG

CHIPFU

CHRISRIVERS

DMC

HUSH

ILLBILL

IVYSOLE

JAYBIZ

JKWON

KAAN

KRIZZKALIKO

LILTWIST

MDOC

UGOD

YOUNGMC

ARTISTS

```
H  G  G  R  S  Y  L  L  E  N  F  K  O  U  J
D  J  Y  V  Z  W  V  I  K  L  Z  J  O  Q  W
C  W  N  J  E  L  Y  T  S  G  O  A  D  W  W
M  O  I  P  K  F  R  T  X  A  W  D  Q  Y  R
Y  C  E  Z  C  H  G  I  H  L  Y  Z  R  S
U  T  J  G  B  S  A  T  X  K  D  O  O  H  X
W  R  S  M  S  A  S  M  O  V  E  U  P  I  J
Z  T  E  A  H  R  H  T  G  N  Q  O  P  E  L
O  U  C  F  O  K  M  A  O  I  E  J  Q  N  S
F  E  V  I  C  C  Y  S  M  R  A  L  L  F  B
K  T  K  A  K  G  T  L  Z  A  M  R  O  R  P
N  D  Y  O  G  A  T  S  E  R  D  Z  C  C  Z
S  Y  Q  W  S  L  W  W  A  U  A  I  Y  C  A
A  X  U  U  H  W  T  S  A  E  E  V  A  D  B
Y  W  Q  D  S  A  W  R  E  T  B  Y  X  X  W
```

BAHAMADIA	JPEGMAFIA	STORMZY
BEASTCOAST	KYLE	TONELOC
CRAIGMACK	LISALOPES	WAX
DAVEEAST	NELLY	
DRESTA	OGSTYLE	
HIGHCZ	SHOCKG	

Puzzle #72

ALBUMS

```
A  S  E  G  N  E  V  E  R  C  O  A  O  Z  Y
B  L  I  Q  U  I  D  S  W  O  R  D  S  F  R
C  M  W  Y  R  O  E  H  T  D  N  E  W  O  L
A  A  A  N  E  T  T  I  R  W  S  A  W  T  I
E  D  E  A  A  I  N  O  K  N  A  T  S  M  K
J  V  C  D  D  U  E  R  K  Q  X  H  N  J  Z
C  I  E  V  A  C  D  Z  A  T  L  R  S  U  I
U  L  E  G  I  N  I  M  E  U  Q  A  I  I  G
U  L  H  J  C  Y  O  T  O  C  V  C  U  X  Y
Z  A  N  T  U  D  H  M  Y  O  P  E  V  E  U
E  I  D  O  T  Y  D  A  E  R  L  D  C  Z  W
K  N  S  B  R  N  U  E  D  L  J  B  L  E  G
Y  Y  O  U  R  E  Y  E  Z  O  N  L  Y  B  W
P  T  H  E  L  O  V  E  B  E  L  O  W  U  W
E  E  I  R  T  W  W  W  I  U  Q  L  N  P  K
```

AQUEMINI
BLOOM
DEATHRACE
EVE
ITWASWRITTEN
LEMONADE

LIQUIDSWORDS
LOWENDTHEORY
MAADCITY
MADVILLAINY
READYTODIE
REVENGE

STANKONIA
THELOVEBELOW
YOUREYEZONLY

RAP & HIP HOP TERMS

```
Y  I  S  T  K  E  V  R  Y  A  C  C  E  N  T
E  R  W  E  O  O  S  O  U  X  X  V  Z  I  O
N  X  B  M  B  D  H  A  Z  K  Z  Q  P  G  W
J  T  P  P  R  E  T  I  R  W  T  S  O  H  G
Q  D  W  O  R  C  A  B  A  H  G  U  X  P  K
G  C  O  N  C  E  R  T  T  E  P  V  I  F  F
Y  T  N  Y  W  R  J  Y  B  R  E  O  M  F  V
M  U  L  S  U  Y  E  D  R  O  H  C  V  D  M
G  R  B  S  J  D  K  C  T  U  X  A  M  R  O
L  N  W  T  V  X  B  E  U  K  W  L  Z  E  X
Y  T  A  B  E  V  O  O  R  D  O  S  Q  J  Z
Z  A  E  L  Y  T  S  A  T  E  O  J  J  E  S
X  B  B  E  S  C  S  T  Z  O  F  R  V  Q  G
L  L  R  W  T  A  K  H  B  G  Q  X  P  A  M
L  E  J  L  K  C  T  Q  T  G  C  N  W  U  Q
```

ACCENT	EMCEE	STYLE
BEATBOX	GHOSTWRITER	TEMPO
CHORD	PHRASE	TURNTABLE
CONCERT	PRODUCER	VOCALS
CROWD	SLANG	

MODERN SONGS

```
P  L  X  U  I  R  G  U  C  C  I  G  A  N  G
T  H  D  I  Z  E  B  I  V  Y  M  L  L  I  K
B  H  W  A  E  H  G  U  M  R  B  O  P  R  R
J  M  A  W  O  M  O  V  E  S  L  M  O  P  Z
D  W  Y  T  K  R  E  Z  E  B  A  W  W  N  U
V  R  A  H  S  B  N  V  F  G  C  D  E  G  U
X  H  I  V  E  A  V  O  O  O  K  M  R  B  S
N  J  Z  P  Y  H  F  W  K  L  B  Q  G  I  R
W  K  H  R  T  L  K  A  L  C  E  C  L  S  D
Z  V  P  V  E  O  E  U  C  V  A  E  I  U  X
I  M  B  J  Y  R  O  B  X  T  T  B  D  W  S
X  Y  M  N  J  D  P  H  N  G  L  C  E  T  S
E  Z  T  U  O  H  C  T  A  W  E  V  N  S  B
A  O  P  B  N  K  N  U  O  R  S  X  Y  L  N
M  A  K  E  I  T  R  A  I  N  D  W  O  W  J
```

BACKONROAD	KILLMYVIBE	THATSAFACT
BEZERK	LOVEME	WATCHOUT
BLACKBEATLES	MAKEITRAIN	WAVY
DRIPTOOHARD	MOVES	
GUCCIGANG	POWERGLIDE	
HIVE	SAD	

ARTISTS

```
H  I  A  T  O  K  K  K  P  K  P  S  L  F  F
M  O  W  F  R  M  U  N  O  D  C  Z  T  T  B
H  A  T  C  E  P  S  N  I  J  X  M  M  R  J
Z  L  Y  E  S  O  M  L  I  L  C  E  D  I  P
O  F  T  E  D  T  N  V  T  V  Z  T  N  P  A
D  R  A  T  S  U  M  J  D  X  A  R  Z  P  N
R  J  S  B  Z  W  D  J  Q  W  Q  O  H  I  P
K  M  P  W  O  A  D  E  W  H  K  B  O  E  N
U  I  Y  U  D  L  Y  D  H  N  U  O  V  R  B
R  L  D  S  D  E  O  S  H  T  V  O  W  E  R
I  N  L  I  T  K  J  U  P  E  N  M  T  D  O
O  X  C  A  N  I  B  U  S  G  W  I  S  D  C
U  R  H  S  H  K  K  M  I  Q  C  N  V  U  K
S  N  C  B  V  D  W  A  C  M  U  R  D  E  R
E  I  Z  K  N  H  S  K  L  D  Y  S  M  O  D
```

CANIBUS	KIDINK	PNBROCK
CMURDER	KUNIVA	TRIPPIEREDD
DEVINTHEDUDE	KURIOUS	WALE
DJMUSTARD	LILMOSEY	
FABOLOUS	METROBOOMIN	
INSPECTAH	MYSTIKAL	

MODERN SONGS

```
K  S  E  A  C  T  E  H  J  M  C  J  F  U  G
V  N  U  Q  K  R  E  N  E  R  G  Y  F  C  G
T  W  T  O  A  O  S  S  F  J  P  N  C  T  A
T  H  Q  I  E  W  A  E  P  K  S  N  D  S  T
U  I  G  K  K  T  E  Q  V  U  L  R  G  X  H
T  X  P  I  S  L  H  F  W  A  M  A  B  H  E
L  B  Q  H  R  E  A  G  Q  L  W  I  T  H  M
L  R  K  P  S  S  V  T  I  U  U  N  U  C  O
H  E  I  C  P  O  A  I  R  P  S  T  K  N
X  U  L  G  E  I  M  W  L  I  T  R  T  T  S
X  I  N  E  Y  W  C  V  U  A  K  D  O  U  T
D  L  V  W  Q  T  I  A  T  O  K  L  T  A  E
L  U  P  C  V  U  R  Y  S  H  Y  O  A  D  R
X  E  K  X  R  N  M  A  E  S  R  J  O  W  A
W  V  T  F  C  I  H  L  P  H  O  W  O  L  Z
```

ENERGY	PICASSO	WAM
IMUPSET	RIGHTEOUS	WAVES
LOOKALIVE	TALK	YOUWASRIGHT
LUST	THEMONSTER	
MOSHPIT	UPROAR	
PARTYGIRL	WALKITTALKIT	

ARTISTS

```
K  B  J  B  N  Y  D  D  A  D  K  C  I  R  T
S  P  T  J  L  G  L  O  R  A  P  A  T  H  Y
U  O  E  R  T  U  B  U  O  Q  Y  B  U  Q  O
O  E  N  Z  Z  N  E  T  Y  B  N  G  W  T  U
W  Z  C  A  W  I  K  S  C  Z  R  N  B  U  N
F  U  Y  A  I  T  S  Y  C  X  F  E  B  H  G
Z  Y  Z  S  F  C  J  I  Q  H  B  A  H  L  T
A  O  D  F  N  T  R  U  W  N  O  L  I  G  H
R  P  Z  O  S  E  S  A  M  I  K  L  I  L  U
C  E  Z  F  O  W  R  O  M  S  U  C  A  K  G
Z  L  C  F  V  P  R  R  H  C  W  I  Q  R  P
S  C  H  S  I  X  B  J  U  G  O  D  U  C  S
V  O  O  E  S  F  Q  P  K  C  O  R  Y  A  J
F  T  A  T  K  J  T  X  L  F  J  G  X  Y  O
N  G  R  J  U  I  C  E  W  R  L  D  T  X  U
```

ABGNEAL	GUNIT	ROCMARCIANO
APATHY	JAYROCK	TRICKDADDY
BLUESCHOLARS	JUICEWRLD	YOUNGTHUG
CURRENSY	LILKIM	
GHERBO	LPBPOODY	
GHOSTFACE	OFFSET	

MODERN SONGS

```
N L O O K A T M E N O W N L Y
T M A S T T O C S E H T D A C
O I L U C F G A F Y W T S W V
I F N R T E S F N D E J A V U
U M Z A D R E A O A B V G L P
B G G N E S I R E Q C W A F D
H D U D W M D V F K T O I N H
I S N E E O I N A N O T N Q Y
H S S Y S I D D A F D R Y D N
D J J O R S D U H H P L B Q A
K S Z J B E E L O T O Q I C M
H H T I E A B D O Y V N S W Q
A B C O I J M B I G T Q J E O
S E S I Q O W I O T B E W J Z
K O V D P M F G Y R T P L X M
```

AGAIN	IMEANIT	UGUESSEDIT
ANACONDA	LETYOUDOWN	VIRTUAL
BROKEASF	LOOKATMENOW	WILDNFREE
DEJAVU	NOHANDS	
GOLDIE	ROBBERY	
IMABOSS	THESCOTTS	

2000S SONGS

```
I  B  O  I  J  P  A  W  H  M  L  Z  E  K  V
R  U  M  A  N  D  E  M  J  E  A  N  S  N  Y
P  M  B  V  R  Y  O  S  I  T  A  U  O  W  G
X  U  T  D  P  N  S  G  O  L  E  D  M  J  E
O  K  T  R  P  D  X  P  Q  I  L  F  Z  Z  C
Y  T  R  I  D  N  I  D  I  R  J  I  W  U  D
L  X  L  M  P  R  W  D  S  T  T  Y  S  A  P
J  W  U  D  S  M  T  H  G  I  L  E  H  T  T
J  W  O  L  O  J  U  H  D  L  E  C  A  U  I
C  P  U  Y  T  R  A  P  C  F  Z  S  K  R  G
V  L  I  C  I  O  C  C  C  R  S  E  E  K  U
L  M  P  B  V  P  O  M  K  B  P  G  Y  W  Q
F  L  E  S  R  U  O  Y  E  S  O  L  D  I  F
R  F  M  C  L  E  M  M  F  M  O  B  O  W  C
H  S  U  L  F  L  A  Y  O  R  Y  N  G  R  H
```

AMILLI	LOSEYOURSELF	ROYALFLUSH
BOB	MSJACKSON	SHAKEYDOG
DEMJEANS	PARTYUP	THELIGHT
GODJ	PUMPITUP	TIPSY
HEADZUP	RIDINDIRTY	

ARTISTS

```
W  B  O  Z  M  Z  W  I  C  Q  N  K  Q  L  W
W  T  M  E  E  E  W  T  C  I  J  A  Q  O  I
M  L  V  A  L  E  Y  P  Y  I  Q  W  J  V  Z
N  F  L  X  C  B  T  E  I  G  J  X  U  E  K
L  O  U  E  H  M  U  S  L  T  A  D  Q  O  H
A  E  I  T  K  O  I  O  L  U  M  G  A  N  A
W  E  V  R  U  I  C  L  D  A  O  X  C  F  L
M  K  D  O  A  R  F  Q  L  V  T  S  W  R  I
P  B  W  A  O  M  E  C  T  E  C  I  G  I  F
A  G  I  T  L  M  O  S  I  M  R  C  P  D  A
O  E  C  E  B  O  S  P  I  N  L  T  V  A  U
J  H  O  U  S  E  O  F  P  A  I  N  S  Y  C
J  D  O  E  K  I  G  K  M  V  Y  M  T  F  T
S  C  H  Z  P  R  E  L  Y  T  H  U  O  B  I
E  Q  H  Q  P  J  C  F  G  N  X  O  V  D  T
```

CAPITALSTEEZ	KOOLADE	TYGA
DOMINICFIKE	LOVEONFRIDAY	TYLER
DOUBLEO	MACMILLER	WIZKHALIFA
FUTURE	OMARION	
HOUSEOFPAIN	SMOOVEL	
ICET	SOULEYE	

ARTISTS

```
E  C  D  V  S  W  S  L  I  M  A  W  O  L  I
T  W  D  G  Z  H  R  K  I  R  P  L  Y  M  W
J  A  S  O  N  D  E  R  U  L  O  C  E  E  L
Y  V  P  W  L  O  P  C  E  O  P  U  K  T  U
C  Z  R  F  O  L  H  C  K  E  X  U  D  O  Q
G  K  E  I  K  L  A  C  Y  W  N  L  M  W  W
N  N  U  E  T  A  R  W  N  T  E  T  C  P  O
E  Y  I  R  P  R  N  A  I  I  S  S  R  N  W
L  P  B  E  T  B  A  Y  H  L  P  A  E  H  T
J  V  A  A  I  I  M  H  E  K  L  G  N  M  D
G  Y  N  Z  B  L  S  O  Z  W  C  Y  N  Y  C
C  L  A  Y  K  L  P  B  R  I  E  A  N  U  Y
H  D  C  T  E  V  I  I  L  S  I  S  J  V  Y
K  G  O  B  L  T  B  L  R  O  Z  M  T  Y  K
H  S  A  C  Y  A  R  S  G  W  W  Q  Y  J  K
```

DOLLARBILL   LILBABY   SHECKWES

DOLLAWILL   LILPUMP   VRITRA

JACKHARLOW   MCREN   YUNGPINCH

JASONDERULO   NASTYC

KANYEWEST   OMBPEEZY

KURTISBLOW   RAYCASH

ALBUMS

```
Y D L J H B C M U I O U K T A
P B Y E Y C C K M B G L G T Z
G T A D R O P T O P W O P H M
Y Z Y B O U W Y Q A A N R E T
P O Q E N B T T G V B G O P H
L A B Z O O Y L S S L L T R E
N O I R M E Y R U D O A X E I
Z D V D E N Q B E C I S C D N
L A F E I W A L A V H T T A F
Y F C K S N O M V B E A W T A
Y E A G Q T F L N H Q S T O M
W M N C E T O U F O Z A T R O
T F X O C V S R L V R P F P U
L C F V T R K L Y L A I R O S
I B J Z E S T H A C A R T E R
```

BABYONBABY   IGOR   THACARTER
CULTURE   IRONMAN   THEINFAMOUS
DROPTOPWOP   LONGLASTASAP   THEPREDATOR
DSTWO   LOVESTORY
EVERYBODY   PAIDINFULL
FLOWERBOY   STONEY

1980S SONGS

```
W  Q  E  A  Y  D  O  L  E  M  Y  M  J  T  V
G  O  F  T  H  E  P  O  L  I  C  E  Q  H  X
D  O  H  O  S  C  M  R  E  K  C  U  S  N  D
A  R  I  S  S  P  A  P  E  R  T  H  I  N  S
H  I  E  N  E  E  D  H  A  Y  W  E  K  G  J
Q  D  N  P  G  H  T  C  C  F  E  P  F  I  D
T  T  C  T  I  W  T  I  D  A  N  T  S  M  K
N  E  Q  H  N  P  A  C  T  A  H  S  W  U  S
Y  C  A  K  C  O  R  Y  D  O  B  C  W  U  F
M  P  F  V  T  G  J  E  B  M  F  M  F  D  Z
F  N  E  M  O  S  E  O  T  A  E  F  I  Z  A
S  D  G  U  W  Q  Q  D  K  E  C  R  B  V  L
T  O  P  B  I  L  L  I  N  E  P  K  F  Z  R
I  R  S  O  U  T  H  B  R  O  N  X  C  X  Q
C  D  W  B  R  I  D  G  E  I  S  O  V  E  R
```

AINTNOJOKE
BODYROCK
BRIDGEISOVER
CHACHACHA
FTHEPOLICE
GOINGWAYBACK

IMBAD
MYMELODY
PAPERTHIN
PETERPIPER
SETITOFF
SOUTHBRONX

SUCKERMCS
THESHOW
TOPBILLIN

MODERN SONGS

```
I  B  Y  N  R  P  U  T  I  E  C  U  A  S  Y
Y  B  M  I  Z  F  S  S  A  B  R  E  P  U  S
T  K  C  A  R  A  S  T  A  H  T  A  K  K  Y
V  B  X  N  E  C  N  A  D  I  U  G  O  N  S
F  Z  L  A  J  H  F  S  S  W  K  E  S  A
I  G  T  A  B  V  A  T  O  O  H  S  H  T  X
V  S  U  C  A  Z  E  Z  E  S  G  J  U  U
N  P  A  M  B  K  S  N  R  C  J  E  G  D  O
Q  G  A  R  W  J  N  A  V  V  U  Z  V  I  L
F  Q  Y  W  I  Y  Z  Y  B  I  G  S  H  O  T
E  V  A  R  G  N  I  Y  E  N  O  M  O  U  L
K  K  N  C  P  W  G  I  S  L  T  D  J  Z  C
K  N  O  W  Y  O  U  R  S  E  L  F  A  O  R
O  V  M  F  A  N  J  L  A  T  R  O  M  M  I
H  R  Y  E  C  X  R  Q  E  U  T  A  W  N  U
```

BIGSHOT   NOGUIDANCE   THATSARACK
BLACKNYELLOW   SAUCEITUP   UMAD
IMMORTAL   SHOOTA   ZEZE
KNOWYOURSELF   STUDIO
LOVESOSA   SUPERBASS
MONEYINGRAVE   TASTE

MODERN SONGS

```
I  Q  S  S  L  I  A  R  T  R  E  P  A  P  W
W  R  B  R  Q  U  R  N  D  Q  U  C  X  Q  C
E  E  Z  J  E  B  E  T  T  E  R  N  O  W  X
E  A  Y  N  D  T  C  E  F  I  B  Z  V  O  H
C  L  J  R  I  W  O  D  Y  K  D  T  E  V  M
O  F  A  D  E  W  D  O  N  L  Y  O  R  W  U
P  R  T  A  C  G  S  P  H  E  Z  W  T  O  V
U  I  K  Y  L  C  N  I  N  S  G  I  B  E  M
M  E  R  T  O  L  T  O  O  Z  V  E  D  M  X
I  N  A  T  U  C  H  I  L  D  S  P  L  A  Y
W  D  S  Q  R  Y  A  F  I  Y  I  I  R  F  Z
U  S  Z  V  L  E  T  X  M  A  E  L  Q  S  B
C  E  W  Q  D  L  W  G  I  K  K  N  L  U  Q
K  D  Y  Y  O  Y  A  O  T  V  Y  W  O  A  L
S  X  O  L  B  S  Y  S  P  A  H  B  Z  M  Q
```

ALLIDOISWIN	NOLIMIT	SHOOTERS
ANTIDOTE	ONLY	THATWAY
BETTERNOW	OVER	
CHILDSPLAY	PAPERTRAILS	
LEGEND	POWERTRIP	
MONEYLONGER	REALFRIENDS	

2000S SONGS

```
V  X  F  R  U  N  T  H  I  S  T  O  W  N  E
B  L  O  O  F  A  T  C  A  B  B  K  C  A  Z
X  Y  M  Q  R  R  K  J  Q  R  F  M  J  A  I
T  G  S  W  O  E  R  Z  J  K  E  L  H  F  Q
H  W  M  U  P  H  V  U  M  L  Z  H  A  A  T
E  I  A  Y  B  O  B  E  H  F  J  Q  T  N  U
E  N  C  Y  V  T  B  O  R  T  T  C  Z  E  S
S  I  K  B  L  I  E  X  Y  S  T  A  N  S  X
S  C  T  E  I  N  T  G  V  H  L  H  P  L  Z
E  N  H  C  S  H  L  S  E  J  J  Q  G  E  V
N  X  A  M  D  E  A  U  Q  T  A  H  H  I  I
C  T  T  U  T  R  U  Z  J  Y  B  E  I  A  R
E  P  G  I  Z  R  R  O  Z  H  N  Y  J  V  A
N  G  T  Y  C  E  V  T  N  I  C  Y  S  U  Q
R  S  L  I  M  S  H  A  D  Y  B  A  B  Y  M
```

ACTAFOOL	HOTINHERRE	SMACKTHAT
ETHER	MYBABY	STAN
FOREVER	OHBOY	THEESSENCE
GETBUSY	RIGHTTHURR	
GETBY	RUNTHISTOWN	
HEYYA	SLIMSHADY	

MODERN SONGS

```
D  E  E  Y  F  N  D  Y  K  T  W  H  S  L  T
Z  W  F  U  A  G  N  D  C  U  L  D  P  A  H
Q  A  S  F  Z  W  W  S  I  R  B  D  O  C  R
T  K  Y  A  J  P  F  S  D  N  E  G  E  L  I
H  I  H  D  S  U  M  O  G  H  B  M  Y  O  F
B  C  U  E  O  U  M  E  E  L  P  D  J  U  T
E  C  M  D  B  B  F  P  T  P  R  C  U  D  S
Z  N  S  G  H  X  C  O  M  G  Y  S  P  Y  H
D  I  I  E  E  L  P  I  U  A  A  T  O  S  O
G  O  W  T  W  D  M  D  R  R  N  L  U  K  P
H  M  G  L  N  D  I  D  I  T  A  G  A  I  N
W  W  T  P  L  E  G  L  U  O  C  M  W  E  B
T  I  Q  M  A  I  L  Q  S  Z  B  E  V  S  V
F  O  K  B  H  R  T  A  L  B  D  R  L  Q  Y
S  Q  U  Y  S  I  X  S  V  F  M  A  T  E  A
```

CLOUDYSKIES
DIDITAGAIN
ELECTRICBODY
FADED
FOURAM
JUMPMAN

LEGENDS
MERCY
METGALA
RAPGOD
SLIDE
STILLWIZ

THRIFTSHOP
TYPEOFWAY
VALENTINE

ALBUMS

```
N W Z N A S U M M E R T I M E
I O U Y O N F T Y C F E J V H
T I I A R I U A E F Z X G T K
P A R T M G T C E W B C Y H P
T L K M P E U A Z U M D X A T
E B Y E U M R I U H F C A N T
G N E D S B E I S D B W V K P
O X O R A A L D K E A H U M H
D T G I A H N A E K Z R T E R
E J K J S C S A K R K I G L E
A U N F V N E M T C F A P A S
T S B G R U A K I I A L S T T
H J C N I S U M A L O L F E W
Y Y Z A R B L L I T S N B R P
J T C P C L U V I S R A G E R
```

AMERIKKKAS
BLACKALBUM
EGODEATH
FUTURE
GRADUATION
LUVISRAGE

MANSION
REDEMPTION
SLIMSHADYLP
STILLBRAZY
SUMMERTIME
TAKECARE

TAKESANATION
THANKMELATER
YEEZUS

MODERN SONGS

```
V  P  X  W  V  G  M  L  L  F  E  X  D  O  S
T  F  J  E  E  B  F  R  D  G  O  I  P  C  K
D  O  L  G  N  I  N  W  O  R  D  B  V  G  I
M  M  O  M  W  I  Q  E  X  F  O  W  D  Y  F
K  S  V  M  I  A  L  Q  T  F  D  Q  V  U  R
O  M  E  E  U  D  M  O  G  I  Z  O  Z  N  C
D  S  S  A  R  C  N  A  R  M  M  T  O  L  A
U  W  C  V  Y  S  H  A  M  A  D  E  A  G  F
E  G  A  V  A  S  A  S  M  R  C  S  S  E  B
U  V  R  G  V  W  B  C  A  I  U  V  Z  O  H
H  S  S  L  F  C  E  O  E  U  H  I  J  H  Y
W  Y  N  X  N  F  G  K  E  L  C  B  N  B  B
H  G  Q  G  Q  E  B  W  F  O  C  E  X  V  Y
W  T  G  Q  H  G  Y  T  R  D  V  Z  Q  U  X
O  S  C  H  N  O  F  L  E  X  Z  O  N  E  Y
```

CAROLINE   HIMANDI   TOOMUCHSAUCE
DROWNING   LOVESCARS   VERSACE
GOMD   MAMA   VIBEZ
GOODFORM   NOFLEXZONE   YOSEMITE
HEAT   SAVAGE

MODERN SONGS

```
B  W  V  Z  Q  S  T  O  P  C  A  P  P  I  N
K  E  S  K  Y  W  A  L  K  E  R  Y  A  N  M
Y  R  R  O  E  L  N  M  T  F  X  J  S  R  T
X  E  O  E  Z  Z  D  O  A  L  T  B  X  L  N
P  G  K  W  M  B  Q  R  B  G  Y  Q  B  D  L
K  O  M  Y  B  E  C  K  A  K  N  I  S  Q  E
B  I  A  M  E  G  E  T  Q  H  Q  O  P  Q  M
S  N  D  N  S  K  I  S  H  E  W  I  L  L  K
J  H  I  P  R  D  A  S  D  N  A  H  C  I  R
D  O  I  P  P  O  R  U  M  N  W  G  T  O  A
A  M  J  L  P  L  B  W  Q  B  A  W  P  E  D
Y  E  E  J  U  I  C  E  B  F  Q  E  W  I  P
O  H  J  F  C  T  R  X  R  E  R  S  M  N  Z
I  N  P  Q  T  K  V  D  T  A  C  A  P  O  I
A  T  O  S  E  N  N  I  M  L  S  Z  E  A  C
```

CAPO	MAGNOLIA	STOPCAPPIN
COMEANDSEEME	MINNESOTA	WEREGOINHOME
DRIPPIN	REBORN	WORK
EARFQUAKE	RICHANDSAD	
HARDLY	SHEWILL	
JUICE	SKYWALKER	

ARTISTS

```
J  T  U  S  G  L  A  C  E  Y  A  L  O  N  E
B  D  D  S  H  P  K  X  K  B  Q  J  U  Z  Z
N  O  A  X  U  C  E  D  M  H  O  O  F  H  E
E  V  U  N  O  I  T  U  A  C  K  C  Y  N  Y
T  E  K  D  O  Q  Q  I  W  H  M  D  G  J  Z
Y  O  T  L  A  A  F  G  R  A  S  E  M  J  N
Y  P  W  G  E  Y  S  R  A  C  R  J  G  B  Z
R  H  E  E  N  V  M  I  M  Z  Y  R  O  S  L
W  R  E  L  L  I  M  E  K  A  J  A  E  O  P
M  I  G  U  E  L  K  V  E  Z  C  E  J  N  F
P  B  K  D  L  T  A  E  X  K  T  K  P  B  G
T  S  M  F  K  R  D  S  I  Y  Y  T  T  C  Q
J  F  L  O  W  A  L  E  Y  N  Q  B  H  E  X
D  F  U  E  Z  C  S  B  U  J  N  T  A  N  N
I  H  G  A  M  G  N  U  O  Y  P  F  W  B  S
```

ACEYALONE	KINGTEE	SHADK
BABYKEEM	LUDFOE	WARRENG
GRIEVES	MACKTEN	YELAWOLF
JAKEMILLER	MIGUEL	YOUNGMA
JAYCRITCH	NYCKCAUTION	

MODERN SONGS

```
Z  P  I  C  K  I  T  U  P  Q  R  D  Z  C  J
S  R  C  B  A  P  V  M  K  T  L  D  H  Z  J
A  W  L  Q  I  W  S  T  I  C  K  T  A  L  K
R  E  D  V  I  J  T  S  K  R  S  S  V  M  A
L  G  K  O  S  B  H  O  L  D  O  N  Q  D  G
F  T  A  E  A  L  L  T  H  E  S  T  A  R  S
G  Z  G  I  N  T  I  V  E  O  T  P  I  T  C
X  S  Y  Y  Q  O  N  P  D  W  O  M  J  Y  D
Q  R  H  S  Y  S  Y  U  P  D  B  K  X  I  L
H  H  A  R  H  Y  U  L  K  E  E  P  A  R  I
P  F  R  O  N  F  R  O  N  G  R  K  P  H  W
P  E  A  Q  E  P  G  R  V  O  N  Y  C  R  C
U  R  N  G  R  H  I  B  E  R  D  I  E  I  A
O  Y  A  C  H  T  C  L  U  B  E  P  K  X  W
E  L  F  P  H  T  W  O  P  H  O  N  E  S  T
```

ALLTHESTARS   NORFNORF   TIPTOE
HOLDON   ONLYONE   TWOPHONES
HOOKAH   PICKITUP   WICKED
KINGKUNTA   SLIPPERY   YACHTCLUB
NERVOUS   STICKTALK

MODERN SONGS

```
T  E  G  U  P  E  P  J  F  S  S  R  K  G  C
A  O  T  C  Q  L  M  U  E  G  A  S  U  O  Z
F  Z  U  K  A  H  A  E  E  O  M  L  K  J  J
D  F  G  W  A  L  K  I  C  L  D  V  B  B  O
J  I  U  B  G  O  I  N  N  I  B  M  T  X  Y
Y  X  D  X  A  F  K  F  M  J  T  B  V  E  L
Q  O  X  A  U  R  F  P  O  A  A  O  O  V  R
O  I  S  M  B  G  B  I  A  R  C  N  N  W  J
R  E  V  E  N  G  E  A  I  B  N  O  E  Q  S
E  U  S  S  I  O  N  G  R  Y  C  I  S  F  M
N  W  Y  W  C  U  T  I  T  I  D  N  A  B  A
D  L  C  K  F  A  G  I  O  J  A  B  M  G  M
Z  K  T  R  C  A  R  D  I  G  A  N  I  U  O
E  P  V  H  D  I  S  X  C  H  Z  P  N  C  V
T  S  T  O  N  E  R  P  V  R  N  N  J  M  H
```

BANDIT

BARBARIAN

CALIFORNIA

CARDIGAN

CUTIT

GOIN

GOINGBAD

GWALK

NOISSUE

NOTICEME

PLAINJANE

REVENGE

RICKY

STONER

WOBBLEUP

2000S SONGS

```
M P B B E B I N E Q I D T B N
T O E G N S W I T H O U T M E
L A O Y V Q R G C Q R W I N G
M E L B Z D H M U Q L E K R L
E A A W A A S S E L T R A E H
L K I N A F R S E S O R O S P
K L M Y W Y O C D U R J A M R
B Y F Z A I S J O N V Y S W J
W P I M P W T O R G O D P H U
W V Z Z U M E I N E Z M I O A
U K R E G M K H T T B S A Z F
V T Z W P W U E T L I Y N I C
L O S E C O N T R O L M G Y D
R X W X R V Q C M W S X E K A
R N E V E R S C A R E D L U L
```

ALWAYSONTIME
ANGEL
BOOM
DIAMONDS
GETLOW

GOCRAZY
HEARTLESS
LEANWITIT
LOSECONTROL
NEVERSCARED

PIMP
ROSES
THEWAYIAM
WITHOUTME

ARTISTS

```
J U U N M F P E Z E Y V S P X
W G O D Y O U N G S C R A P Q
E E K N A Y Y D D A D W C W H
S R U O Y L W T Q D N E C I B
N E Y S A L V J T Q S N P N P
L A H A H L S J B O O G T F Z
O V Y C N O D I D Y O Y O A U
X H E A T L N M R Y N E X M W
X S J R M I E L H I E K V O B
P F K I B E T W O I S X Y U G
S H A O M S E S I C E O C S M
K H G P C M Y N Y S K T K X M
V A E D U S Y Z N P Z R R Y B
J R M H H Q L O H Q Y G I Z I
E N K D X P T U B C I R E K J
```

DADDYYANKEE

DJVLAD

ERICB

INFAMOUS

JBOOG

JIMMYO

RYANLEWIS

SACARIO

SHONLOCK

STITCHES

VERBS

YAMEEN

YKOSIRIS

YOUNGSCRAP

MODERN SONGS

```
C  K  I  I  Q  J  E  R  I  F  N  O  B  I  F
G  R  D  M  P  I  M  S  R  E  H  C  E  K  S
H  K  O  A  E  S  S  K  E  E  T  I  T  C  B
D  F  Y  D  B  L  O  T  R  G  W  F  J  Q  I
E  Y  E  S  E  I  L  F  R  E  T  T  U  B  X
P  A  Y  K  L  O  D  E  N  I  L  N  E  H  I
A  B  Q  T  A  S  H  O  T  S  H  T  U  T  L
E  R  O  A  W  H  O  J  O  T  B  S  G  E  A
Y  S  Z  P  K  V  S  D  A  N  N  X  T  A  E
J  A  A  X  A  K  Q  M  L  D  O  O  U  Y  S
U  H  H  Y  A  W  T  Q  E  R  H  H  D  E  X
Z  R  V  N  I  S  S  U  B  L  H  D  O  X  J
Q  Y  P  T  V  T  Y  U  O  S  R  K  W  O  V
L  O  P  R  C  R  O  C  K  S  T  A  R  Y  K
I  X  W  T  Y  B  R  E  O  Z  A  Z  H  Y  U
```

ADHD
BONFIRE
BUSSIN
BUTTERFLIES
DONTTELLEM
ESSKEETIT

HARLEMSHAKE
LAW
NOHOOK
ROCKSTAR
RODEO
SAYIT

SHOTS
SKECHERS
TSHIRT

ARTISTS

```
X  K  G  F  L  T  G  H  S  S  J  H  S  C  Y
M  Z  I  N  T  S  P  Y  R  H  Y  G  S  Q  R
J  O  Y  N  E  R  L  U  C  A  S  U  P  M  K
E  N  I  N  H  C  E  T  R  L  M  B  W  Z  Q
Z  V  T  Z  W  Z  P  U  B  U  B  T  H  F  K
P  G  E  L  U  R  H  A  J  O  K  G  M  W  E
Y  D  Y  V  Z  K  O  A  B  U  C  G  E  D  H
S  A  K  F  E  R  J  C  U  J  S  Y  R  W  L
D  S  W  A  U  N  O  E  N  I  M  Y  D  N  A
W  T  O  E  L  P  N  H  B  Z  Q  P  W  F  N
G  B  O  R  E  L  S  O  S  U  M  N  G  I  I
U  T  K  R  K  R  I  O  J  V  X  F  N  D  P
R  Q  H  S  E  C  F  D  B  L  R  D  N  L  K
O  V  I  K  U  G  I  L  J  G  I  D  Q  B  H
X  Q  K  Y  D  E  P  R  C  X  W  L  P  N  L
```

ACEHOOD	JDILLA	MGK
ANDYMINEO	JOYNERLUCAS	RICKROSS
BUNB	KEHLANI	TECHNINE
FREEWAY	KURUPT	ZRO
JAHRULE	LILJON	

ARTISTS

```
M  V  H  T  Y  C  K  R  Z  G  P  M  A  W  E
J  X  B  J  M  H  P  P  H  J  N  K  F  A  P
N  O  H  I  T  R  E  Y  S  O  N  G  Z  W  A
H  W  E  T  M  N  I  L  V  E  O  L  X  I  N
E  W  P  L  I  R  L  X  O  M  D  X  U  L  F
T  F  P  E  L  M  B  A  Y  A  I  Q  I  L  U
Z  H  N  E  E  O  S  J  E  F  J  G  X  I  B
U  B  F  O  C  P  R  N  G  I  Z  Z  L  E  X
L  I  L  D  I  K  L  T  E  A  G  B  S  D  G
U  E  A  B  E  L  K  I  I  D  B  G  K  Z  Z
C  L  R  I  V  X  D  H  L  Z  A  W  I  L  U
D  D  A  D  A  M  Y  A  U  C  H  J  M  B  B
X  M  W  E  R  B  Z  V  M  Z  H  H  A  H  N
O  L  W  O  R  D  K  O  X  Z  O  Y  S  Z  W
A  H  D  A  Q  B  L  C  H  H  V  G  K  B  W
```

ADAMYAUCH	HAVOC	MADLION
BIGGIE	JADENSMITH	SKIMASK
BREAL	JOELLORTIZ	TREYSONGZ
DRDRE	JOEMAFIA	WILLIED
GIZZLE	LILPEEP	

ARTISTS

```
A M Q E Z S E F S J W G P Y Z
T B T G H K V I F R L C S J N
D A I J O J W E K E E V D F J
F N P G U E E K E R D T F H S
V Q A R D K C U H C A E T M P
Y S A G I A T V W W T M N E A
R T N Q N H T C T N R Y Z O G
K D S S I U E J E O F W N I T
K N I A S P O W L I L N B J B
Q R X R N H K Y N O X Z R K I
F Q U O A O F D A H W F Y K Q
Y O I C S V C M N D E K H E B
I R I R T N C I C I Y V E L H
S A D R U M M E R S E A R Y W
A G E M L U D R O V S O J Q I
```

BIGDAT	JOJI	SAROC
BIZMARKIE	LILWOP	TONEDEFF
CHUCKD	LOWKEY	VORDULMEGA
GETTER	QTIP	
HOUDINI	RAESREMMURD	
JAYDAYOUNGAN	RICONASTY	

Puzzle #100

ARTISTS

```
S C M T H E A L C H E M I S T
K Z S A G E F R A N C I S T Z
I B Y B K D L D H G I N C O B
Z S J T D A G L R A K E W O N
M X E P U O Z Q I A R S L U X
T R W E I G O O B V T G J F F
F G N D Q M C W R I M S R Y T
J Z A I L K P O E P B A U N K
X Z T Z P C J C L C N G E M D
B M E T H O D M A N I I F R H
A I D A Y W J W Q S M I N O D
A G O C R E H L O O K J D C P
K S G F R Y H S G F F E H S O
G Y G K D P M V S U H X Y S A
J K P O S W M Z M J V T U S J
```

BOOGIE
CASKEY
DJKOOLHERC
DREAMVILLE
ICEWOOD
METHODMAN

MUSTARD
NATEDOGG
PIMPC
PROZAK
RAKEWON
SAGEFRANCIS

SHEFFG
SMINO
THEALCHEMIST

ARTISTS
Puzzle # 1

```
S   D A D D Y K A N E
  L     S     Q U A V O
  R E M Y M A       S
    W     W   C
      E       E   A T
        J       E   P
          E       T A U
          H I       I S T
          T N     N E
            N I     N
          L     U D D
      D O M I N O   R O
        L O G I C G H
        B H O P S I N W
    D I K E H T H C I R
```

MODERN SONGS
Puzzle # 2

```
    A L L M E
  S L L I H E H T O O G O N E
    I F O R F R E E
    T T       L
    S M       B
    H A         M
    O A V     N   U
    W D   I   A     H
    E C     B   R
    R I       E C
T E M P T A T I O N   O
  M O N E Y T R E E S
  T O O G O O D   A N D
N A L P S D O G
E I L U O Y Y A W E H T
```

ARTISTS
Puzzle # 3

```
  T       I
  H     T   K
N E     J R C C
  W     E N A M I C C U G
  E O   H   C D R     Z
  E   R S   R   N T I
  K   B T   E     U S
  N     Y   D       R
  D     X M M
  F     O E A
C R E H L O O K F N A A N K
  N             I
O D N O R O D N A U Q M
              E
```

MODERN SONGS
Puzzle # 4

```
U L T I M A T E B
F E M R O F Y A R P
E     U   B   N
F     P   I   K
E     L   G   A         C
  N   A   R   C   G     R
  O Y   O   C   H   U
  B E   C   O   O   Z
  D     K   U   S   E
      E S G N I H T D A B
      R   T H Y P E
  K C A B O T K C A B
  D A O R N W O T D L O
      P I R D R I A L F C I R
E C A E P N I L L O R
```

MODERN SONGS
Puzzle # 5

```
H                       I
   E                    D
N     A  Y  T  R  A  P  T  S  E  V  O  R  G
O     B  R     D  E  C  N  A  D  E  N  O
R        R  T     N              T
O     C  Y  O  O  N  E  T  A  K  E  D
L  T  A     L  C  N     I           I
E  R  N        F  C  I     R        E
M  I  C  I        T  O  C     F
O  P  E  S  T  H  G  I  L  E  H  T  L  L  A
D     L     E        T  I     S
E     E        U        E        E
L     D  Y  O  B  D  L  I  W  L        B
Z                    B
      S  D  N  E  I  R  F  W  E  N  O  N
```

1990S SONGS
Puzzle # 6

```
Y           O  I  R  A  N  E  C  S  T
   C                             H
      I        M                 E
E  C  I  U  J  D  N  A  N  I  G     R
D        J        E              A
H  N why  H  E  A  D  S  R  I  N  G  I  N
Y     U  E  V  O  L  I  L  A  C     N
P     R  O              G  T  H  A  N  G
N     E     R  O  S  A  P  A  R  K  S
O     G     S  A  B  O  T  A  G  E
T     U        P
I     L        M
Z     A           U
E     T           J
   E     W  A  S  A  G  O  O  D  D  A  Y
```

MODERN SONGS
Puzzle # 7

```
   U     Z  M  A  E  R  D  T  E  W
   B  O  T  H  S  I  D  E  S
         Y  H  C  O
N        F  O  R  L
O  O        O  T  A  I
P     S     I  D  I  E  T
R  E     E  D     U  A  S  A
O  A  P     O  A     O  N  E  I
B  Y  C  Y  I  G  B     R  A  H  R
L     A  K  T     E  L     P     T  E
E  P     S  C  O     F  L        S
M     U     T  I  N     I  A
      O     N  T     L
         G     A  Y
               C  R  E  W
```

GENRES
Puzzle # 8

```
   A  M  E  R  I  C  A  N
   L  T  K  C  O  R  P  A  R
   T  A  S        U  A
   E  P  I  N        N  R
   R     O  R  A        K  T
   N  B     L  T  G
   A  O     S  I  S
H  T  U     O     T  U
A  I  N     U        I  D
R  V  C     T     S     C  N
D  E  E     H        O     A  I
C  R        E        U     L  F
O  N  I  K  R  E  J        L        O
R        L  N                    L
E        L
```

MODERN SONGS
Puzzle # 9

C			N		V	I	C	E	C	I	T	Y
R				O								
O				S								
O		N			E		B					
K	W	T	A	P	O	U	T	T		E		
E		T		F		W			A		W	
D			D	S	E		O	A	L	L	D	A	Y
S			N	H	I		R			G		R	H
M		K		U	U		R			I		E
I		R			O	T	G		I		A	A
L		E			B	D			E		D
E			Z			O			S		B
		L	A	R	U	M		W			A
N	E	W	S	L	A	V	E	S		N		N
						B				D

ARTISTS
Puzzle # 10

				E	N	O	E	C	I	P	S	
		Y			B							
	S	L	A	I	N	E	C					
	D	E		R	Y	L	L	E	M	W	N	Y
N	A	R		R		M						
C	A	N	W	D	U	R	M					
H	I	U	C	D	M	A						
E	S	P	T	A	A	H	S					
L	V	S	A	A	N	M	L	T				
C	Y	V	W	N	I	A	I					
A	W	R	Y	G	K	A	E					
E	O	W	T	C	C	K						
S	O	T	L	E								
S	S	A	K	S	A	R	L	D	E	A		
R	F	S	F	N								

2000S SONGS
Puzzle # 11

		S	O	U	L	S	U	R	V	I	V	O	R
	R	E	G	N	O	R	T	S			W
	T	A	K	E	O	V	E	R			H
C				L	T						A
	R			U	H						T
	B	A	D	B	O	Y	S	F	I		W
E		Z		N	O	I	T	I	N	G	I
Z	M	A	N	Y	M	E	N		T		D
	M	T			M		U				O
	A	I	P	O	H	S	Y	D	N	A	C
	J	W			H		E
	W	E	C	I	M	E	N	O		B
	O	D			O
	L	I			D
	S	R

ARTISTS
Puzzle # 12

	B	J								
M	I	N	E	D	K	R	A	D	M	X
	E	A				Z				
	Z	S				G	J			
F	Y		T			C				
I	P	R	O	D	I	G	Y	O		
F	O	H	O	O	D	I	E	A	L	L	E	N
T	N	I	R	P	E	U	L	B	E			
Y	E		B	I	G	B	O	I				
C	Y				Y					
E	A			S					
N	T	I	N	I	E	T	E	M	P	A	H
T	H	E	G	A	M	E				
W	I	L	L	S	M	I	T	H		

```
      C Z T A E B A D R U M
          L           R     U
  P   A     A O           E       S
  A E   N I   S U       H         S
    P E   N M A S T A K I L L A
      P D   E A E I L         I   L
      H O   B   D I B F A         L
      A H B Y I M U I W           O
      R   C O O J   C E Z         Y
      R     E M U     E   D       D
      E       L   N       C       B
      L         N   G       I     A
      L               B         N
        S C A R F A C E     O     K
                            Y S
```

```
        T T O C S S I V A R T
      K C U B G N U O Y
                              C
                              A   L
    N         M I K A R       S   E
      O           U           B S C
        E         R           U I R
  O D E L A S O U L           S D A
      R E   O                 D Y E
        T J   P     O N I R K
          S L     A C Y H I
            I O   N           V
  G H O S T E M A N E         E
                    F         R
```

```
    Y A J E K A T E N O
      Z
      A Z O T S I V
      V R C O       N
  T H I E C M   E   O
          N M E F   E L
          C M T F   Z E
    N T     E A L O   Z   F
  L U A P J D S H I E     I
          M E L   T C L K   D
          D C O   A M     A
    E C Y O R N O   P       T
              I O C   L
              B K L       E
                  L   S
```

```
    D     M A R S O N A L
  O E L     R
  N   S X   O
  T       I O   T A Y K         S
  O           I N Y S           L
  L           G I D E           E
  I           U N H E N         E
  V           S N   E C M Y     P
K E           C N N U R   E A   H
R             R A           R R H
A A     T I N Y D O O           A
Y   P       L                   L
J         Y L                   L
L U A P N A E S                 O
              J                 W
```

ALBUMS
Puzzle # 17

MODERN SONGS
Puzzle # 18

ARTISTS
Puzzle # 19

MODERN SONGS
Puzzle # 20

ARTISTS
Puzzle # 21

```
      D  J  C  R  U  Z
            U     I              S
                  L        L           H
      S        H        B  L  O  C  B  O  Y  J  B
P  E        G        O        B              N
H     I           I     W     A                 E
A  S        G     Z     E     W        I
T     N        G     N     L     O     D
K     A        E  N  I  I     W
A        B           V  I  A  N
T        G           Y  V  H  A
               N        E  L  C  D
               U           S  A  O
N  A  E  J  F  E  L  C  Y  W     A  B  W
X  X  X  T  E  N  T  A  C  I  O  N  C  J  T
```

ARTISTS
Puzzle # 22

```
   M  A  C  K  L  E  M  O  R  E
         F           L
            A  M  M  I  R  G  F  M
            B  T        L
T           S     J  K  E  T
   H     S  O     O     C  J
      G  W  U        S  E  H  N  A
         I  E  L  Z  H  I     R        A  Y
         Z  N        S  G  I        H
         Z     K        U  S              C
         B     K     Z  R  B
         E        R  A  U  R  T
         A           I     O     A
         T           A  K  W        L
         S              N           F
```

RAP & HIP HOP TERMS
Puzzle # 23

```
                  E
            Y  A  L  P  D  R  O  W
   E  L  G  N  U  J  T
      L  S     R  H  Y  T  H  M
      Y  Y  S        S     A
      R     T  A        D  M     B
      I        S  B     A  U     P
      C  I  M  N  E  P  O  E  R     A
      S           A  E        I  H  D     R
                  T        R     D  D
                           F  F  U  L
            L  O  O  H  C  S  D  L  O  T  O
                           O           S
                           W  H  I  P
```

ARTISTS
Puzzle # 24

```
O  Y  G  G  A  B  Y  E  N  O  M
      K           T  A  L  I  B  K  W  E  L  I
   B     C     R  I  C  H  B  R  I  A  N
   U challenging O  E     G  E  A  Z  Y
   S           R  G philosophy  K
   T     E     T  P  A     N  O  G  I  A  S
   A        K  C  H  A  R  I  Z  M  A
   R        A  Y  L  A  S  F        S
   H        F     S  S  F  A  O        D
   Y        A     G  M  U     Y
   M        N        I  O  N     D
   E        I        B  O  K     A
   S                       T  E        L
      O  E  M  O  R  L  I  L     H  E
```

ARTISTS
Puzzle # 25

```
R I M H A N N B Y
E C A F E N O T S     C
  N                   H
  D   T     F A T L I P
  R       K G R I H A N N A
L E V O N U G   N   G
        D O J A Y Z
        O D   X
  Y D O S P A R P   L
  E S O O P A P O     I
  K             O     L
  Y                 N
  B                     S
  L
Y O U N G N U D Y
```

1980S SONGS
Puzzle # 26

```
    E G O T R I P P I N
R O C K T H E B E L L S
B   E G A S S E M E H T
U O   M Y P H I L O S O P H Y
D     Y S S R O P A V
D T   Z R E R E V E R L U A P
Y I   N O       T
    N   T L     H
    I   H O     E
    K   E C C
    C   H R
        O D O P E M A N
        R W O
  T S E F I N A M D   D
    L L U F N I D I A P
```

MODERN SONGS
Puzzle # 27

```
      B     D       D     N
  W   O     O       O     O
I   O D S   N       W     T
  M   R A N T       H     A
    T K   O M       A     F
    H Y O     I   M T     R
E     E U   N P E I       A
  F   L O   T D   M W     I
    I L   N   I   O A     D
    L O     E   N R N H
    W         S I T       C
    F F O K S A M E N
P L U G W A L K     S K A
  T H G I N T H G I F I P
  M A R V I N S R O O M Y
```

ARTISTS
Puzzle # 28

```
    N G I S A L L O D Y T
      W     S H       S
      O   D E E K L I L
K     S R E A I S       R
I     O   B V   K A
L     U     Y O   S M
L     L   D N L   L
E     J Y     N E   I
R     A C     A I   L
M     B   A     D N
I     O P T R E A C H   O
K     Y O S   T         M
E         L     L
          U O D D I S E E
          G   G     L
```

MODERN SONGS
Puzzle # 29

K			P	U	H	C	T	A	C	E	H	T		
	R	U	R											
		O	O	E	K	I	L	T	N	O	D	I		
			Y	Y	H									
A				O	N	T								
	N				O	O	E	M	O	T	K	L	A	T
		I			Z	S	G		D				O	
			H			B	L	E	E	D	I	T		X
	A	T	I	C	A	M	A	M	Y	M	O	O		I
				E	N	V	Y	M	E	O	K	R	C	
			S	W	A	N	G				L	C		W
				I							L		A	
				F						A	S			
		G	Y	A	L	C	H	E	S	T	E	R	T	
													E	

ARTISTS
Puzzle # 30

		T	K	K	R	A	V	I	T	Z			
		R	O	Y	A	L	F	L	U	S	H		
	A	I	S	A	T	E	N	A	L	P			
Y	M		O		S		N						
	U	I			R		C		E				
L	E	N	A	H	D	E	M	H		H			
E	A	S	G			N	B	M		F			
E	Y	A	J		Z	L	I	L	U	D	E		
	H	Z	U	O		G	D		R		H		
	T	I	K	C		K		P		D		C	
	N	E	R	L	R			P		A			
	A	B	A	I				I					
	G	O	T	K			L						
	E	N	E	A				F					
	M	E	S										

MODERN SONGS
Puzzle # 31

			T		N	E	E	U	Q	P	A	R	T
	Y	A	W	A	N	U	R						
		L	O	N	E	L	Y						
R		W		S	R								
	J	H		S	A	E							
	O		S		U	M	F						
	D	P	E	R		O	E	F					
	A	A	N	O		M	D	I					
	T	T	H	G	I	R	L	A	R	D			
	B	Y	C	L	R		F	U	M				
	O	H	L	D	I		G	I					
	Y	F	E	A	M			S					
	S	E	L	C	R	I	C		E				
P	A	S	S	I	O	N	F	R	U	I	T	H	
	E	G	A	S	S	E	M	E	H	T			

2000S SONGS
Puzzle # 32

	N	O	H	E	L	P							
D		T			K	C	O	L	B	Y	M	N	O
	A		O			H		P					
	H	T	I	H	C	U	O	T	I				
	R	J	E	S	U	S	W	A	L	K	S		
W	O	L	T	E	G		T		W		L		
	I		V			I			E		O		
I	N	D	E	P	E	N	D	E	N	T	D		L
	D			I	T		K			O			
C	R	A	N	K	T	H	A	T	I		I		
	C				S	K		L					
	L				E	R							
	U				B	O							
	B	K	C	A	B	E	M	O	C	L	E	W	
Y	K	S	E	H	T	H	C	U	O	T			

MODERN SONGS
Puzzle # 33

M			B	W	O	R	T	H	I	T			
	O		N	A							F		
		O		I	D						A		
	S		D		L	N					K		
W	P	S		S		L	B				E		
I	A		T		W		A	O			L		
S	C		I		I		B	U			O		
H	E	F	A	R	G	O	N	E		J	V		
W	S			K	I	N	G	S	D	E	A	D	
I	H	U				D		S			E		
S	I		T	R	A	P	T	A	H	T			
H	P		S	M	A	E	R	D	D	I	C	U	L
			U	D	E	E	D	N	I	S	E	Y	
			J										
	E	D	I	L	S	E	I	S	O	O	T		

ARTISTS
Puzzle # 34

			E	N	O	L	A	M	T	S	O	P	
					I	N							
L					E	L	N						
	L			C	R	K	A	W					
Y		I		A	I		I	O	A				
U		H		P	C		M	L	H				
K			S	O	K				I	S			
M	T		S	N	S					K			
O		S		E	E	E	H	S	U	O	F		
U		A	C	I	R	E	T	O	S	E			
T		L	A	M	P								
H		R	W	O	J	Y	N	N	H	O	J		
		E	N			C							
		V											
R	A	T	S	C	C	O	R	E					

MODERN SONGS
Puzzle # 35

L	O	R	T	N	O	C	F	L	E	S			
	M		T	U	N	N	E	L	V	I	S	I	O	N
	I	T		M									
	D	T	C	X		A						B	
	D	H	N	E	E	R	G	D	R	A	L	L	O	C
	L	E		F	L		I					R	
	E	L			F	F		C	T			A	
	C	O				E	O	M	U	H	C	B	
	H	N		P	T	W	O	G	E			O	
	I	D						N	S			R	
C	L	O	S	E	F	R	I	E	N	D	S		A
	D	N								A			
			P	O	P	S	T	Y	L	E			
			R	E	D	R	O	S	E	S			

MODERN SONGS
Puzzle # 36

				S									
	I	N	D	A	P	A	I	N	T				N
	G			B	S	M							O
		N		T	L	T	U	O	Y	Y	K	C	U	L
O	C	O	C	H	U	A	B						I
	O		S		G	E	R	E	B	O	S		E
	O	N		Y		I	S	G	S				
E	T			A		N	U	A	O				
	V	R	E		D		E	E	Z	O			
	O		N			H		N	D	I	G		
	L	L	A			T		O	E	N			
	L			F			R						G
	A	N	O	H	E	A	R	T	R	I	N	G	
									B				

MODERN SONGS
Puzzle # 37

R	E	A	L	L	Y	R	E	A	L	L	Y	
	Y	T	T	I	L						W	
	F	D		L						H		
		L	I		L					E		
		E			U				L	R		
		Y	X			M			O	E		
W	N	W	O	T	N	W	O	D	I		O	Y
A			U		M				N	K	A	
K			N		M	R			A	A		
E			G			E	R		T	T		
U					G	A		M		E		
P	B	A	B	Y	W	I	P	E	A	G	E	
	M							M	E			
B	O	U	N	C	E	B	A	C	K		A	R
	J	S	K	Y	B	O	X			N		

MODERN SONGS
Puzzle # 38

			S	W	O	N	K	D	R	O	L			
		N		E	L	B	A	H	C	U	O	T	N	U
	W	N	W			M								
		E	O	O		C		U						
		T	I	T	E	A	N	G	E	L	S			
		E	H	T	T	O	R							
		U	E	A	S	D	E							
		L	P	M	O	Y	L							
S			B	E	R	H	L	E						
	E		Y	O	O	G	L	S						
	K		K		B	P	F		A	S				
		I			C		A	L		E				
S	G	N	I	S	S	E	L	B	E		R			
		S	T	H	G	I	N							
			C											

1990S SONGS
Puzzle # 39

		P	L	A	Y	E	R	S	B	A	L	L
	S		S	C								
		R		E	R							
P	R	U	K	N	O	C	K	Y	O	U	O	U	T
A	U	U	O		O	S						
S		T	O	Y		K	S	T				
S	S	O		A	T	S		O	R			
I		T		H	D	I		O	O			
N	E		E		T	R	E	Y	H	A		
M		M		G		K	A	C	I	S	D	
E			A			C	W	I	W		S	
B				N			A	A	O	I		
Y					Y			B		H	S	
	M	A	K	E	E	M	S	A	Y		C	H
	D	N	I	M	F	O	E	T	A	T	S	

MODERN SONGS
Puzzle # 40

				M	O	S	N	A	R			
			P	U	T	I	N	U	R			
			K			F	O					
			A			A		I				
	I		M			S			T			
B	A	D		I		I		H			P	
		U	K			L	I					O
S	E	V	A	E	L	N	O	D	O	O	L	B
			Z			N	V					
		E	H	S	I	F	L	E	S			
D	L	I	W	S	I	H	T	E	V	I	L	
			Y	O	B	R	A	T	S			
P	O	B	O	T	H							
R	A	E	Y	E	H	T	F	O	N	A	M	

ALBUMS
Puzzle # 41

```
T
    H              S  W  E  I  V
O  N  E  S     N  O  D  N  O  L  F  E  T
R     M  S  C                 U
D     A  A  C  O              T
I        N  D  O  R           T        I
E           A     R  P     A           D
T              D     E  I  C           E
R  K  O  O  B  G  N  I  R  O  L  O  C
Y                    A     M  N        I
I     H  S  I  F  G  I  B  P           D
N  C  I  T  A  M  L  L  I  T  S        E
                              O        D
S  L  E  W  E  J  E  H  T  N  U  R
```

ARTISTS
Puzzle # 42

```
   F              M
      U     T  T     I  A
         T  E     I  T  N     T
J        L  U  L     M  O        S
N  A        E  R  G     I  C              I
   O  N        G  I  A     L  S        W
   B  R  I  K     I  S  E     S  D           T
      I  M  M  C     S  T  E     S  E
         G  A  I  I  J  E  I  K  N  A  R  F
         S  C  K  R     I  C  I        R  D
            E     C  K     N     M
            A     I  C     A
E  C  I  L  A  M  O  N     N  I     E
V  A  N  I  L  L  A  I  C  E     L     B
   N  I  A  L  L  I  V  D  A  M     S
```

ARTISTS
Puzzle # 43

```
N        W  A  C  K  A  F  L  O  C  K  A
   A           L  A  H  T  E  L  C  A  M
   K  I  L  L  A  H  P  R  I  E  S  T
         B        S  T  A  R  L  I  T  O
T              U  R  E  J     W
   A  K        Z  N  O  J        A
      H  R        D  D           Y
         S  S        O  N        N
   K  D     U  O        M  A  E
      K  A  A  P  N  O  S  R  E  D  N  A
         L  B           E        I  B
            I  A                 C
               S  B                 I
                  Y              L
         D  O  I  R  E  P  S  E  W     Y
```

ARTISTS
Puzzle # 44

```
T     S  T  E  A  D  Y  B
J  R  E  D  C  A  F  E
P  F  R  A  N  K  O  C  E  A  N
O        Z  E  N  A  L  Y  R  O  T
R        D     N  A  E  L  G  N  U  Y
T  E  L  I  N  E  V  U  J
E     L
R     L              B
      I     P  A  R  G  L  O  O  K
      N        O  U  T  A  S  I  G  H  T
   U  G           Y  K  C  I  D  L  I  L
   S     E     K  L  I  M  K  C  A  L  B
P  H  A  R  C  Y  D  E
E
R
```

MODERN SONGS
Puzzle # 45

```
        H  O  W  T  O  L  O  V  E
              B  A  P  E  W  A  L  K
  S  E  N  A  L  H  C  T  I  W  S
        Y        L  S  T        O
  L     L  S     I  I  O        W
  D  O  N  T  R  U  S  H  C  O
        Y        A  O     C  K  F
  M     A        N  R     N  O  X
     O     L     G  E     O  M  I
        N     T        G     O  S
        A     Y  R  C  T  N  O  D  D
        L  T  A  E  B  T  R  A  E  H  E
        I  H  O  M  I  C  I  D  E
        S
        A
```

1990S SONGS
Puzzle # 46

```
     S  C  I  T  A  M  E  H  T  A  M  K
  T  I  L  L  I  N  F  I  N  I  T  Y     N
              N                       O
     W              I                 W
  S  E     S              H           T
  E     N  F     Y        E  C        H
  E  Y  T  O  O  B  T  A  F  S  M  E  U  E
  N     H  I  U  D  M  S           N  L
  A     P  T  N  E  U  N              E
  M     M  I  D  E  B  O           D  R
  A     U  N  L  E  M           G
  N     I  I  O  I  L  I  E
  D     R  F  V  L  P  S
  I     T  E  E  L  P
  E                 D     A  A
```

2000S SONGS
Puzzle # 47

```
           R     D
        E     N
           K     A  S  P
  Y        S  A     B
  P  E  Y  G     P  M     Y
  R  A  N  L  O  K     A  Y     M
     E  P  O  F  L  C  N  C  E
        M  E  M  Y  D  A  I  A  L     N
           A  R  T  A  D  B  D  M  L     O
              R  P  E  T  I  N  N  Y  A  D  M
              K  L  G  S  G  A  I  E
                 E  A  I     G  E  R  H
                 H  N  Z     E  L  G
                    T  E  Z     R
                          S  O
```

ARTISTS
Puzzle # 48

```
  F  I  V  I  O  F  O  R  E  I  G  N
     D  U  M  B  F  O  U  N  D  E  A  D
  M  C  L  Y  T  E           S
     E  C  I  R  P  N  A  E  S  H
  P  E              I        A
  R  N           M     M        O
     O  O  O        T     A     B
        J  B  L        O        I
        E  E  E  N  Y  B        E
     I     C  I  G  U  T  Y     T
        Z     T  Z  N  P  R  M  R
           G     P  Y  A  G  O  A  I
              U     A  A  D  I  F  C
                 M     T  R     B  E
                       K
```

ALBUMS
Puzzle # 49

```
            G
W  E     U     N
O  Y        B        A
R  E  S  L  L  I  H  T  S  E  R  O  F     M
L  Z  L        S  L        U              O
D  O     Y  C     T  A  P  W              R
I  N  H     T  I     H  M  U  R           E
S  M  D  O  K  S  N     G     K  E        L
Y  E     O     Y  O     I     C  T        I
O     F     D     G  R     N     A  N  F
U        T     I     G  H     E     L  E
R  U        D     E     O  C     T     B
S     Z        B     S     D        A
                  M     Z              L
         A  T  L  I  E  N  S
```

ARTISTS
Puzzle # 50

```
            Y     L
            B     Y  I
E           B  Z     V  L
V           L     T     I  G
I  X  E  D  S  U  O  M  A  F  N  O
D        E           G     O  T
E  M  I  T     F                 S  I
N  O  T  P  M  A  H  K  C  O  R  B     A  T
C        V  I  C  M  E  N  S  A           J
E           E  R  U  T  U  F  D  D  O
   N  A  M  D  E  G  G  U  R
D  Y  K  A  H  T  D  Y  S  Z
      D  R  X  L  R  A  C  S
Y  M  E  N  E  C  I  L  B  U  P
```

ARTISTS
Puzzle # 51

```
         Y  K  E  A  D  R  O  C  N  B  Y
   A        N  G  R
      E        O  D  U
Q  N  O  D        D  O  D
      I  E           N  H  L
         L  Y           O        I
            O  E  L  I  L  F  L  I  P
         V        O              F
         A        C              F
      F  U  N  K  M  O  B  B     E
   L  L  I  M  K  E  E  M           T
         M  O  O  D  F  M              S
            I  T  T  O  G  O  Y
            B  I  Z  Z  Y  B  O  N  E
```

ARTISTS
Puzzle # 52

```
         L  L  I  H  N  Y  R  U  A  L
M  I  K  E  S  H  I  N  O  D  A
            B
T  D  J  K  H  A  L  E  D  R  A  K  E
   A  B     G  O  L  D  C  H  A  I  N  S
   C  A     R     I     O
      A  G     R     B  P  R  O  O  F
      O     J  F  N  A     A     J
         N     O  O  I  T     B
            I     D  T  P  S     Y
               B     F  S  G
                  M        I  E  N
                  N  A  U  Q  G  Y  A
   Y  E  L  Z  Z  I  R  G  E  E  T     G
```

ARTISTS
Puzzle # 53

```
    U     P K
      G     H C
        L       I A
T B T     Y     D F L
D H L O   G     J E B
  M U Q S U D     O A A
  A O O P H L     E L W D
  N   G H O O P     A O G O
  O     E T E R A Z Z I B K
  B       N K T T       Y
  R Y N F O E C N I R P E
  O             S A
  W           W I L E Y
  N             S B
```

MODERN SONGS
Puzzle # 54

```
        T E
  I       N M
    S     N E T
      I     I M I
        S E   H E W
          V   S L N
  G A       E   A E A
  A   B       R   L   E
  N R   M O H C Y S P   L
  G   E P A N D A D   S
  G     W   B     D A
  A B U S S D O W N E Y P
  N         N   M     A E
  G         C A M E L O T
  N I A G A U O Y E E S A H
```

1990S SONGS
Puzzle # 55

```
      T E R R O R D O M E
    Y L A E P P A S S A M
      N A S I S L I K E
K E E P Y A H E A D U P
    L   S U G A R H I L L
  I G E T A R O U N D
      V       H
      A   D   A
P U S E M I T O   M
    T I N O E V I F
      W R
      P P O   S
    S F F U P O R F A
  N W O D W O L S
  E M I T R E M M U S
```

ARTISTS
Puzzle # 56

```
D A U Q S R O R R E T
  T T O I L L E Y S S I M
      G
O N U S N O R
  Y U R Y M A D E I N T Y O
G       E N O E V I G
  U E     D       H
  H E     P I     S C
    T L   U   R     A
    M E B   C     R G
    I A     M     D
    L W       D I J
    S S         B
P P R U P E K O M S
    I B O T P M I P
```

MODERN SONGS
Puzzle # 57

```
R R
D E E T A H W R O F E C I N
  E T W R
    V T O A
  L   A I L P
    U   S S F A   H A O W
      F   T Y N L       B
T   D     E   A B U L     I
  U R         R E T A S A G
T U O P O P T A C E B   F R
  S L       H C A D     I
  E   C   S T E E R T S N
            B B E     G
    T H E M O T T O   H S
                  X   T
```

RAP & HIP HOP CITIES
Puzzle # 58

```
      M                 M
      I                 I
L O S A N G E L E S N       W
        M K R O Y W E N     A
        C I   S I H P M E M   S
N O T S U O H         A       H
        M             P       I
        P   S N A E L R O W E N N
D E T R O I T D N A L K A O G   T
O G A C I H C     I           T
N     S T L O U I S           O
                              N
      P H I L A D E L P H I A
      A T N A L T A
```

MODERN SONGS
Puzzle # 59

```
    Y       S S
      R S   U     R
G C W F S G     E
L N L H R E W O P K           N
  E I O O I N I       N       U
T M   L S D T D S       O     K
H   E   B E O S A P       Y   E
E     S   E N Y   M Y         T
R   Y B A B N I O G H         O
G X E L O R   I M U   C       W
O         E   L L L   R       N
              T L O   A
              O A V   M
              H     E
```

ARTISTS
Puzzle # 60

```
    P   L     S T Y L E S P
    O     L
    P C K     I C C U L N F Y
    S   U I   B
    M R   B N   K
T   O   O   A G   C E Z A
H K D   J   N V R I
E E   M   A   D O   W
D   S P   M   O N   H
O   M       E K L     S
C       I     E L       U
      D O C S I D L       B
        K N I L D L O G
      E S S E N I F D R O L
```

ARTISTS
Puzzle # 61

```
C     J   T J
   E     A   O E         E
      L   S C   L S             V
         P   S K   A S             A
      E   H Y I B   X E             D
Y   N     T O K O   I W
   E K I M G I B A Y   M E
S   L   Z     T L D S   R S
A   A O   A     L A A A     I T
R     T F   H     E C J G   S
K     P L   T     D     A
O     E E   E
D       K X   M
I     P R E T S A M O
E     S H E E K L O U C H
```

ARTISTS
Puzzle # 62

```
K                         B
   O   Q Y O B L O O H C S R
      O   M R C H E E K S   Y
         L   R E P S A J     S
            K   M U           O
      K I N E T I C S         N
            I   G L           T
               T   O E A M I L
S         X     H   S Z   L
   A         S         N L
      V D E L A I C E P S E
         A   I A N N D I O R D
            G       L
   S N I K N E J K C I M
A L M I G H T Y J A Y L
```

ARTISTS
Puzzle # 63

```
   S S A D A B Y E O J
   F   E
      O   T N
D     R   A W B O O S I E
J     E T   G A A
Q     E S M F N H D
U W     L S I E I S B
I S I K G U O N D V C U
K   A K C O R P O S E A N
      I I I D A N R O K M N
         N   R N J W   M       Y
            T   D I   O
            J   N     L
               H   E     C
                  N   K
```

ARTISTS
Puzzle # 64

```
   Z A P E I N N I V       S
   C H I E F K E E F       U
         G                 I
            A H M A D       C
            C               I
            J               D
Z Y O B T S O L   Y         E
   T I E R R A W H A C K     B
         Y B A N D I N G     O
      E O C S A I F E P U L   Y
K H A L I D   D         J     S
      Z   U   Y
         E   N   A
D R A L L I L E M A D M
               D
```

ARTISTS
Puzzle # 65

T		E					W	I	L	L	I	A	M
L	R			L	R	O	D	D	Y	R	I	C	H
	A	I		E	E	D	E	O	M	L	O	O	K
L		S	H		C				E				
	O		T	S		T			V				
	R		E	T	L		R			E			
		D	O	M	A	G		O					
		I	D	P	E	I	X	N	Y	O			
		N	E	E	W	B		I					
		S	P	F	R	R	S		C				
		A	R	A	F	O				A			
		N	A	M	O	R	F	A					
		O	S	O	X								
		Y		U	X								
		S											

ARTISTS
Puzzle # 66

I	D	U	C	D	I	K							
		H	O	M	I	E	Q	U	A	N			
S	I	X	N	I	N	E							
D		J		E		R							
J	I	Y	O		R		O						
	E	Z	T	E	J	E	A	N	G	R	A	E	
A		R	Z	H	B		H	A	Y	M			
	D		E	Y	C	U		P					
	I		M	W	A	D		S	B				
	R		I	R	Y	D		O					
	O		H	I	L	E	B	M					
S	S	I	K	A	L	F		G	I	N		T	
				F				H	L				A
S	I	R	C	A	D	U	L		T				

MODERN SONGS
Puzzle # 67

N	O	S	R	E	V	I	E	T	I	H	W		
	M				C								
N	D	I			D	O	G	N	O				
	O	I	G			I		L					
	R	O	H	C	T	D							
P	P	Y	N	T	O		T			T			
O	U	M	O	A	N	A		A		R			
R	O		R	O		G		O					
E	T	O	A	T		O	U	P					
W	L	B	P	S	B	H							
S	H	A	B	B	A	A	P	I					
T	N	K	E	E									
E	D	E	L	S									
R	E												
P													

ALBUMS
Puzzle # 68

	L			E	M	I	T	A	T	A	H	W	
		L				G	L						
		T	I	L	E	I	D	N	L				
A		W	O	H	S	M	E	N	I	M	E		
S			I		S			T	A				
T			T		S			S	T				
R	D			N		E			E	I			
O	A	C	I	D	R	A	P	R		T	C		
W	Y		T	H	E	D	R	O	P	O	U	T	
O	T				I			Y					
R	O			M				C					
L	N	P	A	S	A	E	V	I	L	G	N	O	L
D	A						S						
	O	L	B	A	P	F	O	E	F	I	L		

1990S SONGS
Puzzle # 69

```
        D                   I
B A B Y G O T B A C K   N
    P       G               F
        P           Y M O M O N E Y
        H O E         M       R
A       I     P M     S N     M
  M     T       G N     E O E
    A   E         I O I G R
        M             B Z M N
        U R               E A A
        P     A               Y O H
        F L E S O Y K C E H C
    E C N A D Y T P M U H W
    O L D T H I N G B A C K
        E F I L R O F G U H T
```

ARTISTS
Puzzle # 70

```
        Y O U N G M C
            K
    S       T S I W T L I L
      R           L
        E               A
          V           N K
            I A       O Z
I           L R S   H W Z
  V         L   S A   S K I
    Y     Z B C H I P F U J R
      S     I       R F   H   K
        O L B       D H E
          L     Y M D O C R
          E K A A N G M G
              J       U D
```

ARTISTS
Puzzle # 71

```
        Y L L E N
            I
      J E L Y T S G O
      P K       X A W
      E Z C H G I H L
  T   G B   A T       O
    S M S A S M O       P
      A H   H T G N       E
      F O K   A O I E       S
      I C C Y   M R A L
      A K   T L   A M R O
      G A T S E R D Z C C
            A       I Y
          T S A E E V A D
                  B
```

ALBUMS
Puzzle # 72

```
      E G N E V E R
    L I Q U I D S W O R D S
    M   Y R O E H T D N E W O L
    A A N E T T I R W S A W T I
    D E A A I N O K N A T S
    V   D D               H
    I     A C             R
    L     I N I M E U Q A
    L       O T O       C
    A         M Y O     E V E
E I D O T Y D A E R L
N               L   B
Y O U R E Y E Z O N L Y
T H E L O V E B E L O W
```

RAP & HIP HOP TERMS
Puzzle # 73

		T		E				A	C	C	E	N	T
		E		S									
		M	B				A						
		P	R	E	T	I	R	W	T	S	O	H	G
D	W	O	R	C	A			H					
C	O	N	C	E	R	T			E	P	V		
T			R				B		E	O			
U				E	D	R	O	H	C				
G	R				C			X	A	M			
N					U				L		E		
T	A						D		S				
A	E	L	Y	T	S			O					
B			S					R					
L									P				
E													

MODERN SONGS
Puzzle # 74

					G	U	C	C	I	G	A	N	G
T		D		E	B	I	V	Y	M	L	L	I	K
	H		A	E					B		P		
		A		O	M	O	V	E	S	L		O	
D	W		T	K	R	E	Z	E	B	A		W	
	R	A		S	N	V			C	D	E		
	H	I	V	E	A		O	O		K		R	
		P	Y		F		K	L	B		G		
			T			A		C	E	L			
			O			C		A	I				
				O			T	T	B	D			
				H				L		E			
	T	U	O	H	C	T	A	W	E				
							R	S					
M	A	K	E	I	T	R	A	I	N	D			

ARTISTS
Puzzle # 75

				K							
				U						T	
H	A	T	C	E	P	S	N	I		M	R
	Y	E	S	O	M	L	I	L		E	I
	F		D				V		T		P
D	R	A	T	S	U	M	J	D	A	R	P
	B		W	D				O		I	P
K	M		O	A		E		B		E	N
U	I	Y		L		H		O		R	B
R		D	S	E	O		T	O		E	R
I		I	T		U		N	M		D	O
O		C	A	N	I	B	U	S		I	D	C
U			K	K				N	V		K
S				A	C	M	U	R	D	E	R
				L						D	

MODERN SONGS
Puzzle # 76

	S		T									
	U			E	N	E	R	G	Y			
T	T	O		S	S							
T	H	I	E		E	P	K				T	
I	G	K	T		V	U	L				H	
P	I	L	H		W	A	M	A			E	
L	H	R	E	A	G	L	W	I	T		M	
R	S	S	V	T	I	U	U				O	
I	P	O	A	I	T	R	P	S			N	
G	I	M	W	L	I		R	T			S	
Y	C	U	A	K		O					T	
T	A	O	K	L		A	E					
R	S	Y	O	A					R			
A	S	O	W									
P	O	L										

ARTISTS
Puzzle # 77

```
      B   Y D D A D K C I R T
        L G       A P A T H Y
  O       U     O     B     O
  E N     N E     B   G     U
  C A   I   S     R N       N
  Y A I T     C     E       G
Y   S F C       H   A H     T
  D   N T R       O L   G H
      O   E S A M I K L I L U
      F   O   R O M     A   G
      F   P   R H C       R
      S     B   U G O       S
      E       P K C O R Y A J
      T       L
      J U I C E W R L D
```

MODERN SONGS
Puzzle # 78

```
  L O O K A T M E N O W
T   A S T T O C S E H T
  I   U   F   A
  N   T E S   N D E J A V U
U   A   R E A   A     G
G   N E S I R E   C   A
  U   W M D V F K   O I
S   E E O I N   N O   N
  S Y S I D   A   D R   D
  O R S D U   H   L B   A
  B E E L O   O   I
  A B D O Y   N   W
    M B I G T
    I O T   E
      R   L
```

2000S SONGS
Puzzle # 79

```
      J   A   H
        D E M J E A N S
P         Y O   I   A
  U         S G   L   D
    T         P   L   Z
Y T R I D N I D I R   I   U
    M P           T   S   P
      S M T H G I L E H T
      J U           A
  P U Y T R A P       K
        C             E
          K B       Y
F L E S R U O Y E S O L D
              O B O
H S U L F L A Y O R   N G
```

ARTISTS
Puzzle # 80

```
  O Z                 L W
  M E E E   T         O I
    A L E Y   Y       V Z
N F     C B T E   G   E K
L O U E   M U S L   A O H
  E I T K   I O L U   N A
  E V R U I   L D A O F L
  D O A R F L   T S   R I
  A O M E C T E C I   I F
    L M O   I   R   P D A
    O S     N         A
H O U S E O F P A I N Y C
        K       M
    R E L Y T       O
                    D
```

ARTISTS
Puzzle # 81

```
      S     L
   D     H     I
J  A  S  O  N  D  E  R  U  L  O
Y  V     W  L     O     C           P
   Z  R     O  L  H  C  K           U
   K  E  I  K  L  A  C  Y  W        M
      U  E  T  A  R  W  N  T  E     C  P
      Y     R  P  R  N  A  I  I  S  S  R
         B     T  B  A  Y  H  L  P  A  E
            A     I  M     E  K  L  G  N
               B  L  S  O     W  C     N
                  L     B     E  A     U
                     I     L     S  J  Y
                        L     O     T
H  S  A  C  Y  A  R        W
```

ALBUMS
Puzzle # 82

```
Y                          I
   B  Y  E              G  L     T
      A  D  R  O  P  T  O  P  W  O  P  H
Y        B  O  U  W           N  R  E  T
P  O     N  B  T  T        G     P  H
L  A  B     O  Y  L  S     L     R  E
   O  I  R        Y  R  U  D     A  E  I
      V  D  E  N     B  E  C     S  D  N
      E  I  W  A     A  V     T  A  F
Y        S  N  O  M     B  E  A  T  A
   E        T  F  L  N     S     O  M
      N        O  U  F  O     A  R  O
         O        R  L     R  P        U
            T           Y  L     I     S
            S  T  H  A  C  A  R  T  E  R
```

1980S SONGS
Puzzle # 83

```
W     A  Y  D  O  L  E  M  Y  M
G  O  F  T  H  E  P  O  L  I  C  E
   O  H     S  C  M  R  E  K  C  U  S
A  R  I  S  S  P  A  P  E  R  T  H  I  N
   I  E  N  E  E        H
      N  P  G  H  T        C
         T  I  W  T  I  D  A
            N  P  A     T  A  H
         K  C  O  R  Y  D  O  B  C
               J  E  B     F  M
                  O  T  A     F  I
                     K  E  C
T  O  P  B  I  L  L  I  N  E  P  K
   S  O  U  T  H  B  R  O  N  X
      B  R  I  D  G  E  I  S  O  V  E  R
```

MODERN SONGS
Puzzle # 84

```
            P  U  T  I  E  C  U  A  S
               S  S  A  B  R  E  P  U  S
      K  C  A  R  A  S  T  A  H  T
      B        E  C  N  A  D  I  U  G  O  N
         L        S  S           S
            A     A  T  O  O  H  S     T
               C  Z  E  Z  E  S        U
                  K              E     D
                     N              V  I
                        Y  B  I  G  S  H  O  T
E  V  A  R  G  N  I  Y  E  N  O  M        L
                        L     D
K  N  O  W  Y  O  U  R  S  E  L  F  A
                  L  A  T  R  O  M  M  I
                              W     U
```

MODERN SONGS
Puzzle # 85

		S	S	L	I	A	R	T	R	E	P	A	P	
	R		R					N						
	E			E	B	E	T	T	E	R	N	O	W	
	A		N	T			I				V			
	L		R	I		O	D				D	E		
	F			E	W		O	N	L	Y	O	R		
P	R					G	S		H	E		T		
	I					N	I	N	S	G			E	
	E	R				T	O	O			E			
	N		T		C	H	I	L	D	S	P	L	A	Y
	D			R		A		I	Y	I				
	S			E	T		M		E	L				
				W		I			N	L				
				A	O	T				O	A			
				Y		P					M			

2000S SONGS
Puzzle # 86

		F	R	U	N	T	H	I	S	T	O	W	N		
	L	O	O	F	A	T	C	A			R				
	Y			R	R				R						
T		S		O	E	R				E					
H		M	U		H	V	U				H				
E		A		B	O	B	E	H				T			
E		C		T		O	R	T					E		
S		K			I	E		Y	S	T	A	N			
S		T			N		G				H				
E		H			H		E					G			
N		A			E			T		H			I		
C		T			R				B	E				R	
E					R					Y					
					E					Y					
S	L	I	M	S	H	A	D	Y	B	A	B	Y	M		

MODERN SONGS
Puzzle # 87

		Y			Y							T
		A				C						H
		F	W				R				C	R
	Y	A	J		F	S	D	N	E	G	E	L	I
		D		U	M	O			M		O	F
		E	O		M	E	E				U	T
E		D		B	F	P	T	P			D	S
Z	N				C	O	M	G	Y		Y	H
D	I	I		E		I	U	A	A	T	S	O
O	W	T		D			R	R	N	L	K	P
G	L	N	D	I	D	I	T	A	G	A	I	N
	P	L	E		L			C	M	E		
		A	I	L		S			E	S		
		R	T	A					L			
		S	V						E			

ALBUMS
Puzzle # 88

N		N		S	U	M	M	E	R	T	I	M	E
	O		O		F		Y						
T		I	A		I	U		E					T
P	A		T	M		T		E					H
	L	K	M	P	E	U	A	Z					A
E		Y	E	U	M	R		U					N
G	N	E	D	S	B	E	I	S	D				K
O		O	R	A	A	L	D	K		A			M
D		I	A	H	N	A	E	K		R			E
E			S	C	S	A	K	R	K		G		L
A			N	E	M	T	C		A		A		
T			A	K	I	I	A			S	T		
H			M	A	L	O	L				E		
	Y	Z	A	R	B	L	L	I	T	S	N	B	R
	L	U	V	I	S	R	A	G	E				

MODERN SONGS
Puzzle # 89

```
              M
  T     E           R
      O L G N I N W O R D
      O       I       E       F
      V M I A L       T       D
      E E U D M O G I       O
      S R C N A R       M T O
      C       S H A M A       E A G
E G A V A S A S M       C       S E
      R             C A I       V       O H
      S             E U H I                 Y
                          C B
                          E
                          Z
      N O F L E X Z O N E
```

MODERN SONGS
Puzzle # 90

```
  W           S T O P C A P P I N
K E S K Y W A L K E R
  R           L   M
  E O E       D   A
  G   W M         R   G
  O       E       A   N
  I     E   E       H   O
  N   N   K   S H E W I L L
  H I   R D A S D N A H C I R A
  O   P   O   U   N             A
  M     P   B   Q   A
  E   J U I C E   F   E
        R   R   R   M
        D     C A P O
A T O S E N N I M       E   C
```

ARTISTS
Puzzle # 91

```
            A C E Y A L O N E
      H   K
      C   D
E   N O I T U A C K C Y N
  E       I W H
    T       G R A S
      G     R   C R
        N   M I M   Y R
    R E L L I M E K A J A E
M I G U E L K V E   C   J N
    D     E   K   K       G
    F     S     Y   T
  F L O W A L E Y     B   E
    E               A   N
    A M G N U O Y       B
```

MODERN SONGS
Puzzle # 92

```
  P I C K I T U P


            S T I C K T A L K
        S   H O L D O N
      E A L L T H E S T A R S
      N T I   E O T P I T
      O N P       O
      S Y U P D     K
      U L K E E     A
F R O N F R O N G R K     H
            V O N Y C
            R   I   I
Y A C H T C L U B E     K   W
  T W O P H O N E S
```

MODERN SONGS
Puzzle # 93

```
      P E P
    C   L M U
    A     A E E
  G W A L K I C L
    B G O I N N I B
  D   A   F     J T B
    A   R     O   A O O
    B     B       R   N N W
R E V E N G E A       N     E
E U S S I O N     R       I
  Y   C U T I T I D N A B
  K             O     A
    C A R D I G A N
    I
S T O N E R
```

2000S SONGS
Puzzle # 94

```
M
  O               W I T H O U T M E
L A O Y
M E L B Z
  A A W     A S S E L T R A E H
    I N A     R S E S O R
    Y W Y     C D
      A I S     O N
P I M P W T O       G O
          E I N E     M
          H T T           A
          T L I         N I
L O S E C O N T R O L M G       D
                  W         E
  N E V E R S C A R E D L
```

ARTISTS
Puzzle # 95

```
      D Y O U N G S C R A P
E E K N A Y Y D D A D
S R         L                 I
  E Y S       V               N
    H A H     S J B O O G     F
  V Y C N O       I D         A
    E A T L N     R           M
  J R M I E L     I           O
    I B E T W O     S         U
    O M S E S I C     O       S
        M     N     S K   K
          Y                   Y
            O
                  B C I R E
```

MODERN SONGS
Puzzle # 96

```
          E R I F N O B
  R   M       S R E H C E K S
    O   E S S K E E T I T
    D   L   T
    E S E I L F R E T T U B
    K L O   E   I
    A S H O T S H
    W H       T   S
S         S   A N N     T
  A       M   D O O
    Y       E   H H D
    N I S S U B L   D O
      T       R     O
    R O C K S T A R     K
          H
```

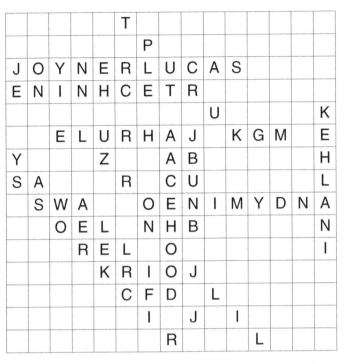

```
          T
          P
J O Y N E R L U C A S
E N I N H C E T R
                U           K
    E L U R H A J   K G M    E
Y       Z     A B            H
S A       R   C U            L
  S W A     O E N I M Y D N A
    O E L   N H B            N
    R E L   O                I
    K R I O J
      C F D   L
      I   J   I
      R       L
```

```
J                 J
  O H   T R E Y S O N G Z W
    E T           E         I
    P L I         M         L
    E L M         A         L
    N E O S   E F           I
      O   P R N G I Z Z L    E
        I   L T E A G   S D
E       L   I I D   G K
L R       D H L Z A     I
  A D A M Y A U C H J M B
    E R     V M         A
    R D   O             S
    B   C               K
```

```
    Q       E F
  B T   H     I F R
    I J O J     K E E
  N P G U       R D T
    A   D K C U H C A E T
Y     G I A         M N E
  T     N   T         Z O G
  S S I U             I   T
    A   P O W L I L       B
    R N     Y   O
    O   O     A   W
    C     C   D K
        I     Y   E
    D R U M M E R S E A R Y
A G E M L U D R O V     J
```

```
        T H E A L C H E M I S T
        S A G E F R A N C I S
          K   L D
          D A   L R A K E W O N
      P   O Z   I A
      E I G O O B V T
N       M   W R   M S
A           P   E P     A U
T             C   C     E M
M E T H O D M A N I       R
D                 S M I N O D
O C R E H L O O K J D
G             G F F E H S
G                       Y
```

Made in the USA
Las Vegas, NV
21 December 2020